屋上とライフル

板倉俊之

飛鳥新社

屋上とライフル

目次

In my opinion

写真　野口博（flowers）
ブックデザイン　鈴木成一デザイン室

夏休み終了間際

やらなければならないことは、早めに済ませたい。

小学生時代、僕はそういう性格だった。

夏休みに入るやいなや、毎日早起きをして、宿題を次々と片づけていった。一週間ほどで、ドリルなどはすべて終わらせ、自由研究と日記くらいしか残っていない状態にもっていった。

8月上旬、宿題はすべて後回しにするタイプの友達も、まだ危機感は抱えていないので、両者とも楽しく遊んだ。

中旬になってくると、友達たちの焦りが窺《うかが》えるようになる。

「あ〜、宿題全然やってないわ〜」

遊んでいても宿題の呪縛から逃れられず、友達たちはそんなセリフを頻繁にこぼすようになる。そんな中、僕の心だけが自由だった。

「どうせやらなきゃいけないんだから、先にやっちゃったほうがいいじゃん」

これを言い放つときの優越感たるやなかった。

下旬になると、遊びに誘っても断られるようになる。みな追い込まれているのだ。しかし僕にはまだ貯金があった。努力によってつくった大いなる貯金が。遊び相手もいないので、漫画を読んだり、ゲームボーイをやったり、おもちゃ屋さんに見物に行ったりして過ごした。

残り数日となると、恐ろしいことに気づく。

間に合わない……。

貯金の上に胡坐《あぐら》をかいていたばかりに、もう遊ぶ時間はなかった。

地獄だった。特に日記を放置していたことが致命的だった。

虫取りに行ったのはいつだ？

プールに行ったのはいつだ？

かき氷を食べ過ぎてお腹を壊したのはいつだ？

花火をしたのはいつだ？

おばあちゃんの家にいたのはいつからいつまでだ？

もはや記憶が整理できず、日付は度外視して書いていった。考えてみれば、いつのことかなんて、先生にはわからないのだ。クラスメイトと何かしたという内容以外、矛盾を見抜くことなどできない。

日記が半分ほど埋まったとき、別の絶望が襲いかかってきた。出来事の量が、とても足りないのだ。そこはもう、兄弟と遊んだ記憶で埋めるしかなかった。

まだ自分の記憶との戦いが続いている最終日、友達が遊びに誘ってきた。猛烈なラストスパートにより、遊ぶ余裕ができたのだそうだ。今度は僕が断る側となっていた。

競馬には詳しくないが、テレビで先行逃げ切り型の馬が最後に抜き去られる姿を見るたび、夏休みの自分のようだなと思ってしまう。

しかしいま思えば、宿題に振り回されたことをそのまま書くのが、一番いい日記になっていたような気がする。

男の約束

「お前らがそこまでバイクに乗りたいって言うんなら、俺は最悪の事態への覚悟をする」

珍しく厳しい口調で父は言った。

僕が19歳、弟が16歳のときだった。原付や四輪のときは何も言わなかった父が、二輪免許の取得に対しては口を出してきたのだ。それほど危険なものだと考えていたのだろう。

「――ただし、絶対に後ろに女の子を乗せるな。ちょっとでもケガをさせたら、責任なんてお前らに取れないんだからな。それが守れないなら認めない」

リビングは静かだった。母はただ事態を見守っていた。おそらく二人で決めた条件だったのだろう。

「男の約束は守るよ」

僕はすんなりと受け容《い》れた。正直言って、彼女なるものがいなかった僕にしてみれば、あってないような条件だったのだ。

「うん、俺も……」

彼女がいた弟も、乗れないよりはいいと考えたのだろう。あるいは、バレずにやる魂胆だったのか。

とにかく僕たちは、二輪免許を取る許可を得ることができた。ガソリンスタンドでバイトをしていた僕は、休日や勤務時間のあとに教習所に通い、免許を取った。高校生だった弟は、夏休みか何かに合宿で取っていた。

ホンダのＸＲ２５０を買った。貯金はすっからかんになったが、後悔はまったくなかった。オフロードのバイクを選んだのは、『ターミネーター２』のジョン・コナーが乗っているのを見て以来「オフロードかっけえ！」と思っていたからだ。その中でもＸＲにしたのは、ガソリンスタンドによく来るお客さんが乗っていて、性能などの情報も得られていたからだった。

凍える寒さの中、通勤には毎回使い、休日には一人で秩父のほうまで走りに行った。見慣れない景色の中を走るのは気持ちがよかった。林道を見つけてそこに入っていき、不安になって引き返したり、調子に乗ってずっこけたりもした。

春になっても、あいかわらず僕には、父との約束を破る気もなければ、それを脅かすような女っけもなかった。弟はどうだろう？　などと考えることさえなくなっていた。

バイク熱が落ち着いた頃には、夏になっていた。こんな暑い日には、家で涼しく漫画を読むのが一番だと、僕は商店街の本屋さんで漫画を買い、家に向かって歩いていた。家が見え、ようやくやかましいセミの声ともおさらばできると思ったとき、
ウォン、ウォン、ウォン――。

後ろから、バイクのけたたましい排気音が近づいてきているのに気がついた。振り返ると、徐行したゼファー400に跨《またが》る弟がいた。

「お、俊」

「おう」

弟は減速したゼファーをふたたび加速させ、家の駐輪場の前まで行くと、バイクを停めた。大事そうにスタンドを立て、ヘルメットを外す。

カツ、カツ、カツ、カツ――。

こんどは後ろから、人の走る足音が接近してきた。とても急いでいるのがわかるテ

ンポだ。

カツ——。その人物は、僕の真横で足を止めた。

弟の彼女だった。彼女はぜえぜえと息を切らしつつも、「こんちわっす！」と僕に挨拶した。

「やあ」

応じながら彼女を見た。両膝に手をやり、顔は汗だくで、サンダルを履いた足はところどころ赤くなっているようだった。もしかしたら、紐《ひも》が接触する箇所は擦《す》り剝《む》けていたかもしれない。弟のバイクを追いかけ、彼女がどれほどの距離を、どれほどのスピードで走ってきたのか、僕には想像できた。

「じゃ、お先……お邪魔します」

彼女は最後の力を振り絞るようにして、ふたたび駆け出した。サンダルのかかとが立てる甲高い音が、天まで伸びていった。さっきまで騒音でしかなかったはずのセミたちの声は、まるで彼女へのエールのようだった。

彼女の態度に不満がいっさい表れていないことから、二人が常にこうして移動しているのだろうと推測できた。

弟は、父との約束を守っていたのだ。

この猛暑の中、恋人に地獄のランニングを強いることになろうとも、男の約束を重要視したのだ。

家に着いたら、何か冷たいものを出してやろう。そしてもしも彼女が望むなら、この漫画も先に読ませてやろう。あとスニーカーを勧めてみよう。

僕は「男としての正しさ」について考えながら、残りの距離を歩いた。

栗は果物　メロンは野菜

知識量は賢さに直結しない。

それに気づいたのは、中学二年生のときだった。

授業の冒頭、先生の提案でレクリエーションが行われることとなった。六人ひと組の班に分かれて、順に果物の名前を挙げていき、思いつかなくなった班は脱落となり、最後まで残った班の優勝というルールだった。当時は知らなかったが、いわゆる「古今東西」だ。果物の生産量や生産地を学ぶ授業の前置きだったのだと思う。

一周目は、各班それぞれが時間内に答え、脱落チームは出なかった。

二周目が回ってきた。急《せ》かされると思考が働かなくなる僕は、ほとんど役立たずだった。リンゴやブドウといった、すでに挙げられた果物のイメージに囚われてしまい、別のものを発想することができずにいた。

こんな序盤で負けてしまうのか。それも、一番早く。己の不甲斐なさを痛感し、諦めかけたそのとき――。

「栗!」

同じ班の女子が言った。成績もトップクラスの優等生だ。

教室は静まり返った。何を突然。追いつめられて、やけになったのか? ――そんな空気だった。

「オッケー! 栗は果物です」

男の先生は、両手を頭上で重ねて大きな輪っかをつくった。

「木になる実は果物だからね」

どよめきが起きた。「すげえ」「さすが」「そうだったんだ~」「マジかよ、栗は果物だったのかよ」――その中には驚きや、優等生への称賛の声が交じっていた。

僕もみんなと同じように、優れた知識を持っていた彼女に感心していた。しかしそれと同時に、正体不明の違和感をおぼえてもいた。

ゲームは続行となり、柿やザクロなどが挙げられていった。栗ほど意外ではない一般的な果物は、まだたくさん残っていたのだ。

僕のいる班は、四周目くらいだったか、とにかく中途半端なところで脱落した。優勝にはほど遠い結果だった。優勝した班は、というよりもすべての班が、聞けば誰もがわかる果物を挙げていた。

通常の授業に戻ってからも、違和感は消えなかった。僕はその正体について考えていた。なぜ自分は、優れた知識を持っていた彼女を、手放しで尊敬できないのだろう。そして授業の終わり間際、謎は解けた。

彼女は「栗」という、おそらくほかの誰も知らなかったであろうウエポンを、あの早い段階で使うべきではなかったのだ。もっと温存しておき、一般的な果物が尽きるのを待ち、ここぞというタイミングで投下すべきだったのだ。そういった駆け引きができる頭脳こそが、賢さなのではないか。

この世界では、いくら優れた知識を持っていようとも、その使いどきを誤れば、賢さを疑われてしまうのだ。

その後僕は、メロンやスイカが野菜なのだという知識を得た。たぶん兄からだったと思う。

僕はそれを隠し持ったまま、機を待った。またあのレクリエーションが、野菜をテーマに行われる可能性は充分にある。野菜の生産地の回も、きっと予定されているはずだ。自分は彼女と同じヘマはしない。このウエポンを使いこなしてみせる。クラス中が喝采するようなタイミングで、鮮やかに決めてやるのだ。しかも彼女とは違い、自分にはウエポンが二つもある。一般的な野菜が尽きてきた頃にメロンで大ダメージを与え、スイカでとどめを刺す——完璧だ。

しかし、そんな機会は訪れなかった。その知識を使うことがないまま、僕は大人になってしまった。

仕事上の飲みの席で、フルーツの盛り合わせが運ばれてきたとき、僕はメロンを指さして言ってみた。もちろん、あのときの野心などなくなっていたわけだが。

「メロンは野菜なのに、これ『フルーツの盛り合わせ』でいいんですかね？」

「まあそうだけど、そういうこと言い出すと面倒になるだけじゃん」

そう。大人になると、僕がウエポンだなどと思っていたあの知識も、「当然」の中に含まれてしまうのだ。事実、メロンは野菜だ。だがそれを知った上で、みなフルーツとして扱う。そのほうが、スムーズに事が運ぶからだ。僕が手にしたウエポンは、いつのまにかガラクタになっていた。

大きな目で見れば、彼女は、正しかったのだ。賢かったのだ。中学二年生というあのタイミングで、栗が果物であるという知識を披露し、クラス中からの称賛を得られたのだから。

特別な一万円

駐車場に停めた車の中で、僕は絶望していた。

雨の中スーパーに来たというのに、財布を忘れたことに気づいたからだった。

僕は思い切りシートに背をもたせかけ、ため息をついた。

家まで取りに戻るか、今日はもう買い出しをやめにするか……。それにしても自分は、何回財布を忘れれば気が済むのだろう。

二年前の記憶が蘇《よみがえ》った。

僕は育った町に向けて、車を走らせていた。

古い友人たちと食事をする約束をしていたのだ。酒にそれほど執着心のない僕は、帰りの便利さを考えて車で向かうことにしたのだった。

財布を忘れた！

そう気づいたのは、すでに首都高5号線を走っているときだった。その日ジムに行った僕は、ジム用のバッグに財布を入れたまま、家を出てしまっていたのだ。

そのまま向かうことにした。取りに帰れば一時間は遅刻してしまうだろうし、高速代に関してはＥＴＣカードでの支払いになっているから問題ない。

約束の店に着くと、懐かしい面々が揃《そろ》っていた。

挨拶もすっ飛ばして、僕は言った。

「ごめん、財布忘れちゃったんだ。誰か一万円貸してくれない？」

一万円あれば、きっと割り勘なら足りるだろうし、返すときのことを考えると、わかりやすい額がいいと思った。本来は恰好をつけて奢《おご》りたいところだが、そんなことは言ってられない。

「おお、いいよ」

僕をからかうわけでもなく、Ｔは快く貸してくれた。

長らく同じマンションに住んでいたＴとは、幼稚園に入る前から友達で、馬が合うのでずっと仲がよかった。

「わりい」

僕は一万円札を受け取り、ようやく落ち着くことができた。

昔話や現在の苦労話などを語り合っていると、深夜になっていた。

一万円で足りなかったら申し訳ないな、などと会計について案じていると、トイレから戻ったTが言った。

「俺、払っといたわ」

「なんでだよ。俺も払うよ。いくらだよ」

借りている分際で、僕はTを責めるように言った。

「いや、いいって。こんなとこまで来てもらったんだからさ」

ノリで喋《しゃべ》っているような飄々《ひょうひょう》としたTの口調は、子供の頃から変わらない。

「だとしたら、これは返すよ。そんでつぎは俺が奢るよ」

僕は借りていた一万円札をTに押しつけた。

「いや、いいんだって」

Tは頑《かたく》なに受け取らない。

埒《らち》が明かないので、ひとまず店を出た。

僕は車で、Tを彼の家まで送った。家の前に車を停めると、僕は助手席に座るTに一万円札を差し出した。

「やっぱおかしいって。奢ってもらった上に一万借りるとか意味わかんねえだろ。もう家まで金使うことなんてないし」

「いいって。それ、返さなくていいんだ。受け取ってほしいんだよ」

Ｔはやはり手を出そうとはしない。

「ますますわけわかんなくなるじゃん」

僕はもうキレそうだった。

「あのとき助けてもらっただろ。だから、少しでも返したかったんだ……」

そこまで言われて、僕は数年前の出来事を思い出した。

夜中、Ｔから突然電話があり、「金を貸してほしい」と頼まれたのだ。

切羽詰まっているようだったので、詳しいことは訊《き》かず、僕は引き受けた。

Ｔは埼玉から車を飛ばして僕に会いに来た。二人でコンビニに入り、僕はＡＴＭにカードを入れた。ところが、時間外だったため、金を引き出すことはできなかった。

無駄足を踏ませてしまった罪悪感をおぼえながら、財布の札入れを見た。ちょうど前日に引き出したばかりだったため、８万円が入っていた。

「悪いけど、これしか渡してやれないわ」

８万円を差し出しながら僕が言うと、Ｔはほっとしたように笑った。

「助かったよ。必ず返す」

「いいよ。結婚のも出産のも、祝儀渡してなかっただろ。それを代わりにしてくれ」

「ありがとう……」

Tはすぐに車に乗って、埼玉に戻っていった。

「――あのとき、俺ほんとに助かったんだ。だから、それ、受け取ってほしいんだよ」

僕が忘れていたことを、Tはずっと憶えていたのだ。この様子からすると、きっと気に病んでもいたのだろう。

「わかった。そういうことなら、受け取っておくよ」

受けた恩など忘れ、損得勘定ばかりで生きている人をたくさん見てきたせいか、僕にはTの義理堅さがとても嬉しかった。

「じゃあね」

Tは助手席のドアを開けると、車を降りた。

「バイバイ」

僕たちは子供の頃と同じように、別れの挨拶を交わした。

僕は一万円札を、アームレストの収納スペースにしまった。

これはただの一万円札ではない。Tの「義」を証明する記念品なのだ。いや、「義の心」そのものなのだ。いつかまたTを車に乗せたとき、これを見せてびっくりさせてやろう。
胸に温かいものを感じながら、僕は車を発進させた。

スーパーの駐車場で、アームレストを開けてみた。
そこにはやはりあの日のまま、Tからもらった「義の心」が入っていた。
家に戻れば財布はある。しかし外はひどい雨だ。
……この状況を知ったとしたら、Tはどう思うだろう。いまの僕に、何を望むだろう。
Tの声が聞こえた。
「まさか、そんなことで使わないよな……?」
僕はその声を頭から追い出すと、「義の心」を握りしめて、店内に入った。

元祖消費税の混乱

小学六年生の頃、僕は近所にある英語の塾に通っていた。もちろん行きたくなどなかったのだが、小学校の友達もいたことと、行けば母から100円をもらえたことが後押しになっていた。

塾の帰り、僕は決まってパン屋さんに寄り、ぴったり100円で売られている「原宿ドッグ」を買っていた。ワッフルみたいな生地の中に、チーズが内蔵された棒状のあれだ。トースターで焼くと、表面がカリカリになり、中のチーズはとろけ、それはもう絶品だった。ほとんどそれを買うために、塾に通っていたようなものだった。

その日も僕は、塾の帰りにパン屋さんに立ち寄った。トレーに原宿ドッグを一つだけ載せて、レジカウンターに向かった。そこにトレーを置き、ポケットから100円玉を取り出す。

「103円です」

レジのお姉さんが言った。

何だ、この変な数字は……？　僕は混乱しながら、レジの金額表示板を見た。やはり、「103」という数字が光っている。

何だ、この変な数字は？

お姉さんが、「どうしたのかな？」といった表情で僕を見ているのに気がついた。

金額が変であることは事実だ。しかし、自分の持っている100円玉では足りないこともまた事実だ。

「ごめんなさい！　足りません！」

僕は100円玉をポケットに戻し、トレーを持ち上げ、レジに背を向けた。そして原宿ドッグが陳列されていた場所まで、ほとんどダッシュで移動した。パニックといえる状態だった。

「待って。いいよ。お姉さん払っておいてあげるから」

背後から声をかけられ、僕は固まった。

甘えてしまっていいはずがない。きちんと働いているお姉さんからとはいえ、奢ってもらうのはまずい。しかしこのまま立ち去れば、来週まで原宿ドッグを食べることはできなくなる。

どうしたらいいんだ……！　これを3円ぶんちぎり取って、100円にしてくれたりしないだろうか。……ありえないな。

葛藤の末、僕はレジに戻ることにした。やはり食べたかった。

お姉さんは原宿ドッグを紙袋に詰めながら、今日から「消費税」というものが導入されたことを教えてくれた。

「助けてくれてありがとうございました」

僕はお礼を言って店を出た。

目に映るのは見慣れた風景だ。しかし、自分の知る世界ではなくなってしまったかのような感覚をおぼえた。

これからは、たくさんの一円玉が必要になるだろう。100円の原宿ドッグも、300円のSDガンダムのプラモデルも、350円のチョロQも、もういままでみたいにそのままの値段では買えなくなったのだ。いや待て。5000円するゾイドなんて、原宿ドッグが買えるほどの金額を別に払わなくちゃならないのか！　いったい、なんて世界になってしまったんだ……。

絶望と一緒に帰宅して、夕食後、原宿ドッグをトースターにかけてから食べた。

アルミホイルに残った滓《かす》が、おまけしてもらった3円ぶんに見えてきて、僕はそれらを指にくっつけてぜんぶ食べた。

あるハロウィンの日

「ああ、今日はハロウィンか……」

深夜に帰宅した僕は、当時住んでいたマンションのロビーで呟《つぶや》いた。

カウンターの上にカボチャを模した皿があり、それが目に入ったことで気づいたのだった。皿にはオレンジ色の袋に入ったキャンディが盛られていて、皿の向こう側の端には悪魔の手が、こちらに掌《てのひら》を見せるような恰好で取りつけられていた。

行事ごとに疎い僕とは対照的に、大家さんはそういったことを重んじる人だった。クリスマスにはクリスマスツリーが、ひな祭りにはひな人形が、こどもの日には鎧兜《よろいかぶと》が、ロビーに飾られていた。大家さんはとても人当たりのいい、花が好きな年配の女性だ。僕は仕事で花束をもらうと、必ず大家さんにプレゼントした。そのたびに、彼女は感激してくれた。

皿から目を離し、僕はエレベーターのほうへ歩いた。しかし、カウンターの前を素通りしたところで、ふと足を止めた。

少しでも、ハロウィン気分を味わっておいたほうがいいのではないか。パーティーなども苦手で、一人暮らしである自分が、温かい気持ちになれるのはいましかない。恥じらう必要もない。深夜であるいま、誰も自分を見てはいないのだ。

何より、せっかく大家さんが用意してくれたのだ。明日の朝、一つも減っていなかったら、大家さんは悲しんでしまうかもしれない。

僕は引き返し、カウンターの前に立った。例の皿に手を伸ばす。

そのときだった——。

カシャン、と悪魔の手が倒れ、僕の手の甲を叩いた。

僕は絶叫し、腰を抜かした。しんと静まり返っていたマンションの吹き抜けに、叫び声は盛大にこだました。事件性を感じさせるであろうレベルの声だった。

床に尻もちをついた僕の耳には、残響と、音質の悪い悪魔の声が聞こえていた。

フォフォフォフォフォフォ——。

ちきしょう……！　ちきしょう……！

僕は立ち上がり、逃げるようにエレベーターの前に移動した。悪魔を恐れたわけではない。起こしてしまった住民に、苦情を言われては敵《かな》わないからだ。

ボタンを押そうとしたとき、右手にキャンディを握っていることに気がついた。どうやらびっくりして摑《つか》んでいたらしい。

僕は袋を破り、キャンディを口に放り込んだ。心拍数は跳ね上がったままだ。

ちきしょう……！　ちきしょう……！

笑うカボチャのように、大家さんが喜んでいる顔が頭に浮かんだ。

これが、あなたのハロウィンですか？　これで満足ですか？

僕は大家さんへの復讐として、キャンディを奥歯で噛み砕いた。

マンションのメリークリスマス

その年の12月24日、仕事を終えた僕は、深夜に帰宅することとなった。

クリスマスに何かを求める年齢ではなくなっていたが、心の中に虚無感に似たものがあるのも確かだった。

オートロックを解除して、エントランスに入ったとき、僕は内心ため息をついた。

——ああ、タイミングが悪かったな。

エレベーターの前に外国人の男女グループがおり、アルコールが入っている人間ならではの声量で会話していたからだ。４人とも、欧米人らしかった。このマンションの住人なのか、あるいは住人を訪ねて来たのか。そのあたりは不明だが、他人の迷惑を考えられない状態であることは明白だった。

エレベーターが到着し、ドアがひらいた。４人組はベラベラと喋りながら、またべタベタと互いの身体に触れ合いながら、エレベーターに乗り込んでいく。いったん見送りたいところだったが、一緒に乗らない理由を探すことができず、僕はしぶしぶあとに続いた。

最後に乗った僕は、『4』、『▶◀』の順でボタンを押すと、彼らに背を向けた。閉まったばかりのドアとは、ほとんど鼻が触れるほどの距離だ。

「コンニチハ」

片言の日本語が、僕の背中に投げつけられた。女の声だった。

不愉快に感じた。彼女の言葉が、こちらを小馬鹿にするような響きを持っていたからだ。

僕は無理矢理に頬を持ち上げ、顔だけを少し後ろに向けた。

「こんにちはー」

なぜか笑いが起きた。

「オハヨウゴザイマス」

今度は男の声だ。こちらを小馬鹿にするような口調である点は、女と同じだった。

僕は露骨に面倒臭さを押し出した声で応えた。

「はい、おはようございます」

また笑いが起きた。手を叩く音まで聞こえた。

完全になめてやがる……！

僕は猛烈な怒りをおぼえた。そして、決意した。

つぎに同じことをしてきたら、ブチギレてやろうと。

集団心理やアルコールの影響があるのだとしても、それらが人を不快にしていい理由には断じてならない。そもそも、ここは日本だ。日本人や日本語に敬意を払えない者が、我が物顔でのさばっていい場所ではない。こちらが反撃に出ることはないであろうという打算と、自分たちが優位に立っているという思い違いを粉砕してやる。調子に乗ったことを後悔し、気まずい夜を過ごすがいい。

光っていた『4』のボタンが消灯し、ドアがひらく。僕は歩き出したが、腹の中では、怒りが消化不良を起こしていた。

「Hey！」

女に呼び止められた。

僕はエレベーターを降りたところで足を止め、肩越しに振り返った。女の青い目が、こちらを見つめている。

さあ来い。この国にはまだ、侍がいるということを教えてやる……！

彼女は笑顔でこう言った。

「Merry Christmas!」

本場の発音で放たれたその言葉は、僕の胸の中心に響いてしまった。怒りはたちまち霧散していき、抱えていた虚無感を埋めるように、温かな何かが胸に広がっていくのがわかった。

「メリー……クリスマス……」

僕が言うと、ドアが閉まり始めた。4人とも笑顔で、僕に手を振っていた。

彼らに対する敵意はもう、一滴も残っていなかった。

これが、聖なる夜ってやつか……。

吹き抜けから見下ろすと、エントランスに飾られたクリスマスツリーが見えた。

サンタ側に回った子供

サンタクロースは存在しない。

親からそう聞かされたのは、僕がわずか7歳のときだった。

3人もいる子供を騙《だま》し続けることは事実上不可能だと、両親は考えたらしかった。僕たち兄弟は同じ部屋で寝ていたから、こっそりプレゼントを置いておこうにも、誰か一人でも目を醒《さ》ませばすべておじゃんだ。さらに、それぞれの欲しいものを買い揃えるだけでも大変な労力がかかるだろう。親の立場で考えてみると、しごく納得がいく。

だが、7歳の僕はそうもいかなかった。

「もしかしたら、いるかもしれないじゃん」

母は心苦しそうに応えた。

「いないんだよ。プレゼントはちゃんと買ってあげるから……」

「わかった。でもボク、欲しいものを書いて寝てみるよ。もしそれでプレゼントがもらえたら得じゃん」

クリスマスプレゼントは、毎年両親から買ってもらっていた。しかし万が一サンタクロースが実在したなら、二重にプレゼントをもらうことができると考えたのだ。

「だからお母さんは何もしないで。もしそれでプレゼントがもらえたら得じゃん」

「そうね……」

「絶対何もしないでね！」

「うん、わかった」

「絶対だよ！」

「うん」

母は微笑んでいた。

夜、僕は紙に欲しいものを書き、靴下に入れて枕元に置いた。「欲しいもの」は、何千円かする超合金のおもちゃだったと思う。

興奮と一緒に布団に入り、目を閉じた。眠りはすぐに訪れた。

クリスマスの朝、僕は目を醒ました。

プレゼントのことを思い出し、はっとして飛び起きた。枕元を見る。靴下があった。昨夜置いたままの位置に、置いたままの状態で。念のため、靴下を手に取り、中を覗《のぞ》いてみた。やはりプレゼントは入っておらず、僕が欲しいものを書いた紙が入っているだけだった。

こうして僕の頭からは、サンタクロース実在の可能性が消え去った。

母の徹底した教育のおかげだ。

数日後、僕は同じマンションに住む同い年の友達Tの家で遊んでいた。（このTは21ページ、「特別な一万円」に登場したのと同一人物である）

「これサンタさんにもらったんだ」

Tはファミコンのソフトを自慢する。

僕は瞬時に反論した。

「きっとTのお父さんかお母さんがくれたんだよ。だってサンタクロースはいないから」

僕の手には、自ら行った実験によって得た、確たるデータがあった。

「え？　いるよ！」

「いないんだよ」

子供部屋で口論していると、Tのお母さんが僕を呼んだ。

「俊、ちょっと来て」

僕はTを残して、リビングに移動した。

「うちではサンタさんがいるって信じさせてるの。だから、いないなんて言わないで。お願い」

Tのお母さんの言葉を受け、自分が悪いことをしたような気になった。

——Tの両親の苦労を台無しにする権利は、ボクにはない。

僕は頷《うなず》いて、子供部屋に戻った。

「やっぱりサンタさんはいるよね。まだボクのところに来てないだけで」

「そうだよ」

Tは満足げに言った。

それ以来僕は、サンタクロースを信じている友達には、全力で調子を合わせた。トナカイならマンションのベランダから見たことがあるとさえ言った。

こうして僕はわずか7歳にして、子供たちの夢を守る側に回っていた。

これはおそらく、世界最年少だったのではないだろうか。

廃品回収車地獄

真冬の朝、僕はようやく原稿作業を切り上げ、ベッドに身体を横たえた。

『蟻地獄』の執筆期間中で、朝に寝るのが通例となっていた。

こう言うと「偉いね」と褒められることがあるのだが、そのぶん昼間に寝ているのだから偉いことなどまったくない。ネタをつくるのも、文章を書くのも、単に夜中のほうが集中できるからそうしているというだけの話だ。

長時間思考を働かせていた頭には、頭痛に似た違和感があった。

温かい布団は、それを徐々に溶かしていってくれた。

ああ、なんて幸せなひと時なんだろう……。

僕の意識は眠りに引き寄せられていく。

『こちらは、廃品回収車です。ご不要になった、テレビ、エアコン、冷蔵庫――』

外から若い女の声が響いてきて、僕の意識は覚醒させられてしまった。

しかし廃品回収車は悪くない。世界はとっくに動き出しているというのに、こんな時間に眠ろうとしている自分が悪いのだ。

スピーカーの声は遠ざかっていった。

僕はふたたび目を閉じて、ささやかな幸せを噛み締めた。

ああ、毛布って、どうしてこんなに肌触りがいいんだろう……。

僕の意識は眠りに引き寄せられていく。

『こちらは、廃品回収車です。ご不要になった、テレビ、エアコン、冷蔵庫――』

さっき聞いたばかりのセリフが響いてきて、僕の意識は覚醒させられてしまった。

しかし廃品回収車は悪くない。一回通っただけでは、廃品を出したい人が出せないだろう。もう一度通ったのは必然なのだ。

スピーカーの声は遠ざかっていった。

僕はふたたび目を閉じて、自分を包むぬくもりを意識した。

ああ、あったかい。そういえば、毛布の上に布団じゃなく、布団の上に毛布をかけるのがじつは正しいのだと、どこかで聞いたような。まあ、どっちでもいいや。こんなに幸せなんだから……。

僕の意識は眠りに引き寄せられていく。

『こちらは、廃品回収車です。ご不要になった、テレビ、エアコン、冷蔵庫――』

あのバカでかい声が響いてきて、僕の幸せは壊されてしまった。

僕は毛布を布団ごと跳ねのけて立ち上がると、声が聞こえるほうへと歩いていき、窓を開けた。

煮えたぎる感情をため息に籠《こ》め、小さく見える廃品回収車の荷台に向かって吐き出した。命中したかどうかはわからないが、とにかく僕の中から負の感情は消え去っていた。

窓を閉め、ベッドに戻った。

うまく感情のコントロールができた自分を、僕は誇らしく思った。理不尽にブチギレて許されるのは子供のうちだけだ。僕は社会の仕組みを客観的に捉えて行動できる、立派な大人になったんだ。

もしかしたら、この眠りに落ちるまでの時間を幸せに思えるのも、大人になったからなのかも……しれな……。

『こちらは、廃品回収車です。ご不要になった、テレビ、エアコン、冷蔵庫――』

「うるせえな、ちきしょう！」

僕は絶叫しながら起き上がった。

ふざけやがって。4回だぞ。4回もやりやがった！　あの廃品回収車、いったいどうしてくれようか……。

僕はベッドのへりに腰掛けながら、前のめりになって考えた。

そして、決意した。

廃品を、出そう。

寝室には、ずいぶん前にリビング用から格下げになった小型の液晶テレビと、実家から持ってきていた古いラジカセがあった。どちらも、もう長いこと電源を入れてさえいない。

4度も眠りを妨げられたこの不運を無駄にしないためには、もはやそうするしかない。

ダウンジャケットを羽織り、液晶テレビとラジカセの取っ手を、それぞれの手で摑んだ。クロックスをつっかけてエレベーターに乗り込み、マンションを出る。

天気は曇りで、いまにも雪が降りそうな寒さだった。

両手は塞がっているものだから、ポケットに入れることも、擦《こす》り合わせて温めることもできない。寒さを忘れるため、僕は自分の吐く白い息が、出現しては消える様子を見つめていた。

僕は待った。初めてあの声が聞こえるのを待った。

そして数分が経《た》ったとき、僕は悟った。

もう、来ないな……。

足の指先は、鈍痛を感じるほどに冷えていた。

特大の白い息が宙に溶けていく中、僕は車道に背を向けて歩き出した。


この世界には、不思議な力が働いている。


もし僕があのまま寝ようとしていたら、きっと廃品回収車はまた来ていたのだろう。

僕が精神崩壊するまで、何度でも。来なくなったのは、僕が廃品を出そうとしたからだ。つまり、あの声を止めるためには、これは必要なことだったのだ。

そう自らを納得させ、僕は部屋に戻った。

液晶テレビとラジカセを、寝室の元あった場所に戻した。

二つとも、少しほっとしているように見えた。

ベッドはすぐ横にあるが、とても眠れるような状態ではなくなっていた。

風呂の追い炊きボタンを押し、僕は湯舟に浸《つ》かった。

僕の体温を利用する布団とは違い、それ自体が熱を持つお湯は、冷え切った身体をみるみる温めてくれた。

けっきょくこれが、一番の幸せかもな。

今朝起こったすべての出来事は、これを味わうためにあったのかもしれない。

僕は風呂場の出窓越しに空を眺めた。

——だが、もしもいま、あの声が聞こえてこようものなら、俺は悪魔になるだろう。

幸い、そんなことは起こらなかった。

落ち着かない空の旅

ああ、もうくたくただ。

羽田に向かう飛行機の座席に腰を下ろし、僕は目を閉じた。

このまま寝てしまおうか、それとも離陸して背もたれを倒せるようになるまで我慢しようか。那覇空港からだと二時間半はかかる。ここはひとまず我慢したほうが、結果的に長く眠れそうだ。

僕は重い瞼《まぶた》を上げた。

左側に首を回し、窓の外を見る。暗い空を背景に、空港や飛行機の灯りが輝いている。それほど綺麗だと感じられないのは、窓に反射して映る機内の様子が邪魔をしているからだろう。

沖縄国際映画祭というイベントの帰りだった。

この日僕は朝一の飛行機で沖縄に行き、出演作品に関するイベントや浜辺のステージでのネタ出番などに出演した。

3月なのに沖縄だというだけで勝手に暑いと思い込み、薄着で来てしまったことで、余計に疲れてしまっていた。

周囲の席に人が座っていく気配がして、僕の隣の席も埋まった。

真後ろから、女の人の声が聞こえた。

女神を想起させるような、透明感のある美しい声だった。

僕はさりげなく顔の向きを変えていき、つぎに目の向きを変えていき、窓の反射を利用してその人の姿を確認した。

中谷美紀さんだった。

胸が高鳴った。頭上のスピーカーから聞こえてくる「快適な空の旅を」という言葉が、初めて心に響いた。

ドラマ『ケイゾク』のファンである僕にとって、中谷美紀さんは特別な存在なのだった。

眠気は吹き飛び、僕の全神経は耳に集中した。

中谷さんは、彼女の隣——僕の斜め後ろに座る人物と会話していた。

「――でも、ボクシングって危ないじゃないですか。どうして続けられるんですか？」

美しい声で、中谷さんが訊く。

「まあ、自分との戦いというか……」

野太い声で、相手は答える。

ボクサーだ。中谷さんは、ボクサーと会話している……！

僕はふたたび窓の反射を利用して、後方の様子を窺う。

しかし、角度の関係で、野太い声のボクサーの姿は見えなかった。

シートごと後ろにスライドさせないかぎり、ボクサーが映ることはなさそうだ。そんなことはできないし、ましてや立ち上がって振り返ることなどできるはずもない。

もはや頼りになるのは耳だけだった。

僕は聴覚を研ぎ澄ませる。

意外なことに、中谷さんのほうが会話に積極的であるような印象を受けた。

楽しげに笑ったりもしている。

やがて野太い声の人物は、たどたどしい口調でこう言った。

「よかったら、連絡先を、交換しませんか？」

「あ、わたしでよかったら」

あっさりと、じつにあっさりと中谷さんは承諾した。その声は明るく、嬉しささえ感じられた。

嘘だろ、あの中谷美紀さんが、連絡先を交換したぞ！

誰だ、誰なんだ⁉

離陸時の揺れや騒音に気を取られなかったのは、このときが初めてだった。

僕は頭の中に、ボクサーの姿を思い浮かべた。

具志堅さんか？

いや、そうだとしたら口調でわかるはずだ。沖縄であることに囚われてはいけない。

内藤大助さん？

いや違う。内藤さんも特徴的な喋り方をする方だ。この野太い声の人物のそれではない。

長谷川穂積さん？

いや、こんなに太い声ではないはずだ。

脳内にボクサーを列挙していくが、この人だという確信には至らない。

とうとう選手が思い浮かばなくなり、思考が停滞した。

そうなると眠気が再発生し、じわじわと僕の意識を奪っていく。

僕はテスト前日の学生さながらに、迫りくる眠気と戦った。

もはやボクサーの名前を考える余裕はなくなっており、覚醒状態を保つのがやっとだった。

やがて、頭のてっぺんから意識を抜き取られるようにして、僕は眠りに落ちてしまった。

衝撃を感じ、僕は両目をひらいた。

自分を包む轟音と振動から、飛行機が着陸したのだと察しがついた。

寝ぼけている時間は一瞬もなかった。ただゲームをコンティニューしたかのように、僕はすでに野太い声のボクサーについて考えていた。

後方に意識を向ける。中谷さんとボクサーは沈黙していた。

機体が静止し、ポーンと電子音が鳴る。僕の隣の席の男性が、手荷物を持って通路に出ていく。

僕もシートベルトを外し、通路に出る。上の棚を開け、荷物を引き出しながら、僕はやや緊張していた。

ずっと解けなかった謎——中谷さんと連絡先を交換した野太い声のボクサー。とうとうその正体を知ることになるのだ。

視界の左側で、その人が立ち上がったのがわかった。僕はなるべくゆっくりと、そちらに顔を向けた。

しずちゃんだった。

南海キャンディーズの、しずちゃんなのだった。

「あ、お疲れ様です」

僕に気づいたしずちゃんは、微笑みながら言った。

僕は猛烈な勢いでこみ上げる「お前かーい！」を懸命に抑え込み、

「おう、しずちゃん、同じ便だったんだね」

精一杯、平静を装って応えた。

そのやりとりを見ていた中谷さんは、ニコッと笑って僕に挨拶をしてくれた。

「ああ、どうも、お疲れ様です！」

僕はたったいま気づいたという芝居を打ちながら、挨拶を返した。

ボクサーの正体がしずちゃんだったとわかってしまえば、僕と中谷さんの席が近かったことも腑に落ちた。このあたりは、単に映画祭の関係者が、まとめて押さえたエリアだったのだろう。

ドアがひらいたらしく、通路に詰まっていた人々の列が進み始めた。

二人を先に行かせ、僕は座席のほうから列に入ろうとする人たちに、次々と前を譲りまくった。

まだ耳は熱を持っており、しずちゃんと距離をとる必要があった。

大きなことを学んだ、空の旅だった。

声が野太いからといって、男であるとは限らない。

偶然の実写化

高校一年のときの担任は、中年で、髪がカールしていて、口ひげを生やしていた。
おまけに、男のくせにヒステリーを起こすことがあり、そんなときは声が上ずった。
僕たちは彼を——「マリオ」と名づけた。
林間学校二日目の朝、宿泊施設の部屋で、僕は目を醒ました。
室内には朝陽が射《さ》し込んでいて、同室で寝た友人たちは着替え始めている。
部屋は畳敷きのスペースがメインで、敷居を挟んだ向こう側にベッドが二つある。
その一つではTという友人が、まだ寝ているようだった。
どうやら自分が最後に起きたわけではないらしい。
僕は布団を跳ねのけて身を起こした。
「急がないと。朝食の時間過ぎてるよ」

Kが僕を急かす。

「まあ、大丈夫でしょ」

部屋の隅にある洗面スペースで、歯磨きをしながらHが言う。

僕は壁掛け時計を見た。

確かに朝食会場に集合していなければならない時間を大幅に過ぎている。しかし、僕の感覚はHに近かった。最悪、朝食を抜くことになったとしても、昼まで我慢すればいい。それだけの話だ。

僕たちは全員寝坊していた。夜、こっそり酒を飲んだわけでもなく、朝まで語り合ったわけでもなく、僕たちはただ、至ってストレートに寝坊したのだった。

突然、部屋のドアが荒くひらいた。

「何をやっとるんだ！」

突入してきたのはマリオだった。

彼は鼻息を荒げながら、問答無用で僕たちを一発ずつひっぱたいた。

寝坊くらいで殴ることはねえだろうが……。

殴り返してやりたいが、退学になるにはさすがに早すぎる。僕は友人の誰かが代行してくれることを期待した。

しかしみな、神妙な顔をつくって反省しているふりをしていた。

僕もそうした。

マリオは室内を見回し、何かを捜し始めた。

そう、まだ一人、この時点でノーダメージの人間がいるのだった。

Tだ。

よくマイペースと言われる僕から見てもマイペースな男Tは、いまもベッドで寝息を立てている。

これだけ室内が騒がしくなっても起きないのだから、さすがとしか言いようがない。

マリオの視線が、Tの眠るベッドの、掛け布団が盛り上がっている部分に据えられた。とうとう居場所がバレてしまったのだ。

マリオは興奮状態のまま畳を蹴り、そちらに向かって突進していく。

そして敷居を跨ぐようにしてTのいるベッドに片足をかけると、そこに飛び乗る。

右手を掲げているのは、殴りたくて仕方がないからだろう。

片手を上げながら宙に浮いたその姿は、完全にマリオだった。

そう感じた直後、「ガン！」と「ミシ」が混ざったような音が、盛大に鳴り響いた。

勢いよく飛び乗り過ぎたせいで、マリオは天井側を走る鴨居に、頭頂部を強打したのだ。

僕には見えた。はっきりと見えた。鴨居に激突した瞬間、上に飛び跳ねたコインが。

しかし、笑うわけにはいかなかった。

マリオは動じることなく、Tを文字どおり叩き起こした。

何が起こったのか理解できていない様子のTに背を向け、マリオはふたたび畳敷きのスペースに戻ってきた。

今度は無事だった。帰りは気をつけたようだ。と思ったそのとき――。

「ほ～、痛……」

上ずった声で言いながら、マリオは突然、その場にうずくまった。

激痛が遅れてやってきたのか、叱っていた生徒の手前、我慢していたのか、とにかくマリオは、立っていられないほどの痛みに襲われていた。

僕には聞こえた。はっきりと聞こえた。マリオがしゃがみ込む瞬間、キノコをとった状態の「本家のマリオ」が敵に触れてしまい、縮んでいくときの効果音が。

しかし、笑うわけにはいかなかった。

頭頂部を両手で押さえながら、マリオは悶絶している。

一番大きなダメージを受けたのは、間違いなくマリオだった。

気づけば鴨居が、マリオ討伐を代行してくれていたのだった。

やめてくれ、もうやめてくれ――。

僕の忍耐力は限界に到達していた。

何度も涙した『寄生獣』の名シーンを思い浮かべることで、気持ちを紛らわせる。

マリオは、すぐに朝食会場に向かうよう僕たちに告げ、鴨居から逃げるように部屋を去っていった。

頭の中に、本家のマリオが死んだときの音楽が流れたが、もう笑いを堪《こら》える必要はなかった。

僕たちは思い切り笑った。何もわかっていないTを除いて。

朝食会場に着くと、僕たち以外の席はすべて埋まっていて、みな行儀よく箸を動かしていた。そこで初めて、自分たちが異常だったのだと気づいた。

いま振り返ると、最初に一発ひっぱたかれてよかったと思う。

映画にしても演劇にしても音楽にしても、優れた作品を鑑賞するとき、対価を払うべきだと考えているからだ。

あれは間違いなく、対価を払うに値するエンターテインメントだった。

生牡蠣トラップ

人はやむを得ない理由で、誰かに迷惑をかけてしまうことがある。

それに気づいたとき、謝罪は必ずしなければならない。

しかし、タイミングなら選ぶことができる。

それしだいで、相手の対応はまったく違ったものになるだろう。


「板倉、このあと何かあるの？」

二年先輩の金成《かねなり》さんが訊いてきた。

ネタライブが終わって、楽屋で帰り支度をしているときだった。

「いえ、帰るだけですけど」

「お、淳さんにメシ連れてってもらうんだけど、一緒に来る？」

「え……」

緊張が走った。当時僕はまだ芸人として駆け出しで、ロンドンブーツの淳さんとは挨拶さえ交わしたことがなかったのだ。

「いやでも、淳さんにとっては知らない人間ですし、僕、家が埼玉ですし」

断る理由になっていないことまで言いながら、僕は誤魔化すように笑った。嬉しさや行きたい気持ちは大きかったが、無意識に緊張から逃れようとしていたのだ。

「大丈夫だよ。そういうこと言う人じゃないから」

金成さんは僕を励ますように、肩をぽんと叩いた。

「あ、じゃあ……」

ダイノジの大地《おおち》さんも約束をしていたらしく、僕たちは三人でタクシーに乗り、淳さんと待ち合わせているという店に向かった。

劇場でよくしてもらっている二人の先輩に、

「やっぱりまずいっすよー。僕なんかが行ったら」

などと僕は弱音を吐いた。

「だーいじょぶだよ！」

と大地さんは笑って言ってくれた。

着いたのは、高級そうな和食屋さんだった。

淳さんもちょうど着いたらしく、店前で合流した。

金成さんが促してくれたおかげで、僕はすんなりと初めましての挨拶ができた。

四人で個室に入った。

僕の隣には大地さん、向かい側に金成さん、そして斜め向かいに淳さんといった席順となった。

「牡蠣《かき》食える？」

メニュー表を眺めながら、淳さんは誰にともなく訊く。

「おおー、いいっすねえ」

「食いたいっす！」

金成さんと大地さんはノリノリで答えた。

「あ、はい」

一拍遅れて僕も答えた。

嘘だった。いや正確には、不明なのだった。ここまでの人生で牡蠣を食べた経験のない僕には、食べられるかどうかがわからなかったのだ。

だからといって、それを長々説明して、この和やかな空気に水を差すのもどうかという気持ちから、「はい」と答えたのだった。

淳さんは生牡蠣四つと、いろいろな美味しそうなものを注文した。

やがて殻にのったままの状態で、生牡蠣が四つ運ばれてきた。

身の部分を濡らしているのは海水だろうか。

三人の先輩はそれを一つずつ手に取り、それぞれ自身の口元まで持ってくると、
ズルズル——。

吸い込むようにして、身を口の中に入れた。

ああ、なんて美味しそうな音なんだろう。

聞いているだけで涎《よだれ》が出てきそうだ。

生牡蠣の食べ方を知ったばかりの僕は、先輩たちを真似て、殻ごと口元に持ってきた。そして、
ズルズル——。

吸い込むようにして、身を口の中に招き入れた。

一瞬で口内に磯の匂いが広がり、う、と僕は嗚咽《おえつ》した。

横隔膜が跳ね上がった勢いで、身が自動的に口から飛び出す。

身はつるりと殻の上に戻った。まるで、何事もなかったかのように。

自分が生牡蠣NGの人間だったことを知った僕は、吐き気を堪えながら視線をめぐらせる。

先輩たちは美味しそうに、殻を傾けて海水らしき汁を飲んでいる。いま起こった出来事に、誰も気づいてはいないらしい。

どうする？　これを食べることは不可能だ。かといって、ポケットに隠すのも厳しい。

瞬時に考えた結果、僕は生牡蠣を持った手をすっと伸ばし、皿の上に戻した。

先輩たちは楽しげに会話している。セーフだった。

口内に残る磯の成分を中和するため、僕はウーロン茶を飲み、焼き魚を食べた。どうにか吐き気は止まった。

先輩たちの会話を聞いたり、たまに訊かれたことに答えたりしているうちに、僕は生牡蠣のことを忘れかけていた。うまく輪に入ろうと必死だったのだ。

「板、牡蠣食わないの？」

会話が落ち着いた頃、あの生牡蠣を指さしながら、大地さんが訊いてきた。

「え、まあ」

どきりとしたが、何とかそれを顔には出さず、僕は曖昧に答えた。

「じゃあ、もらっちゃお」

大地さんは目をきらきらとさせて、一つ残された生牡蠣に手を伸ばす。そして殻を掴み、持ち上げ、自身の口に引き寄せていく。

僕は心の中で叫んだ。

ダメだ、大地さん！　食べてはいけない！　それはただの生牡蠣じゃない！　僕の口の中に一度入った、半生牡蠣なんだ！

ズルズル――。

想いは届かなかった。

半生牡蠣はあっけなく、大地さんの口の中に吸い込まれた。

僕は大地さんの横顔を凝視する。

大地さんは正規の生牡蠣を食べていた。つまり、半生牡蠣と比較ができてしまう状態だ。一度僕の口に入ったことにより、磯感が足りなくなっていることに気づいてもおかしくはないのだ。

「おー、うめえ」

満足げに、大地さんは口元を拭う。

僕は安堵《あんど》し、無意識に止めていた息を吐き出した。ひとまず僕の行為が露呈する心配はなさそうだ。

無事に会はおひらきとなり、店前で解散した。淳さんは去り際に「金成に俺の番号聞いといて」と言ってくれた。家の最寄り駅を出て、さっそくショートメールでお礼の気持ちを伝えると、「また行こう！」という返信がすぐに届いた。

自宅に向かって夜道を歩きながら僕は、いい先輩だな、と思った。

淳さんだけでなく、誘ってくれた金成さんも、生牡蠣トラップに気づかないでくれた大地さんも。

その日以来、僕は大地さんと会うたび、生牡蠣のことを思い出してしまうようになった。

やがて無自覚のうちに、「後輩が口に含んだものを美味そうに食った男」というレッテルを貼っていたことも事実だ。

申し訳なさから、いつか謝罪をしなければならないと思ってはいたものの、数年の時が流れても、僕は謝れずにいた。

しかし、絶好のチャンスが訪れた。インパルスでやっていたラジオ番組に、大地さんがゲストで来てくれたのだ。

僕はあの日のことをすべて告白し、大地さんに謝罪した。

「おっまえ、なんだよー！」

『ゴーストバスターズ』のマシュマロマンみたいなベビーフェイスに満面の笑みを浮かべ、大地さんは僕の肩を叩いた。

それで、おしまいだった。


だが、もしも大地さんが半生牡蠣を食べた直後に、僕が白状していたらどうだっただろうか。

いくら温厚な大地さんでも、さすがに怒っていたに違いない。

ではその違いは何か。

もちろん親しくなったこともあるだろうが、最大の理由は、一度僕の口に入った生牡蠣の成分は、もう大地さんの身体にはない、ということではないだろうか。

現在の自分に影響を及ぼさない過ちであれば、人はたいてい許すのだ。

あの謝罪のタイミングは、我ながらベストだったと思っている。

「イチゴ狩り」という表現はひどすぎやしないか

「イチゴ狩り」という言葉はいかがなものかと思う。

本来人間が行う「狩り」とは、獣や鳥を倒し捕えることを指していたのではなかったか。

武力において優位に立ってはいるものの、狩る側もある程度のリスクを背負い、大変な労力を必要とするものだったはずだ。

イノシシを狙って矢を外し、突撃されてケガをしたり、一日中鉄砲を担いで山の中を歩くも、鳥を一羽も仕留められずにただ疲弊した人もきっといた。

それこそマンモス狩りなどは、多くの人が命を落としたことだろう。

それなのに、「イチゴ狩り」とは何だ。

イチゴの無防備さに対して、表現が強すぎるのではないか。

イチゴは、茎にぶら下がっているだけだ。

攻撃はおろか抵抗さえしてこない。

そんな相手に「狩り」などという言葉を使って、恥ずかしくないのだろうか。

無抵抗で摘まれるしかないイチゴからしてみれば、たまったものではない。

100パーセント従うつもりでいるのに、まるで自分を倒したかのように吹聴されてしまうのだから。

きっと最初に「イチゴ狩り」と言い始めた人間は、カッコつけたかったのだろう。

「俺、狩ってやったんだよ。イチゴ……とかいったっけな。相手は真っ赤に染まってたぜ」

といった具合に。

それに感化された人間が真似をして広がっていき、ここまで蔓延《まんえん》したのだろう。

「イチゴ摘み」という的確な言葉もあるらしいのに、「イチゴ狩り」が主流になっているのはきっとそのためだ。

難易度の低さからして、「イチゴ集め」でもいいくらいだ。

これは「ブドウ狩り」や「ナシ狩り」、「松茸狩り」など、じっと動かず無抵抗なものを採る行為すべてに当てはまる。

もっと解せないのが「もみじ狩り」である。

いったい何を狩った気なのだろうか。

観たら帰るくせに。

こんな表現をされたら、間違いなくもみじ側は、チェーンソーで斬り倒されてしまう！　と考えるはずだ。

覚悟を決めて全身に力を入れるも、人々は指一本触れずに帰っていく。

肝の冷やされ損と言うほかない。

鑑賞することまで「狩り」になってしまうのだとしたら、我々は毎日「テレビ狩り」や「スマホ狩り」をし、学校に通う生徒などは「黒板狩り」をしていることになってしまう。

朝礼では「校長狩り」をしていることになり、すべての学校が「不良の巣窟」というレッテルを貼られてしまうだろう。

これもやはり、カッコつけようとした人間が言い出したのだと考えられる。

「俺、狩ってやったんだよ。もみじ……とかいったっけな。相手は真っ赤に染まってたぜ」

という具合に。

これは素直に、「もみじ鑑賞」と呼ぶべきではないか。「花見」のルールに準じて、「葉見」と呼ぶのもいいだろう。

「潮干狩り」に関しては、手の施しようがないので諦めることにする。

笑→ｗ→草

タイトルは、ネット上のコメント欄などに用いられる、「笑い」を意味する文字の変化を表したものである。

「笑」を「ｗａｒａｉ」と打って変換する手間を減らすために「ｗ」になったのだそうだ。

ここまではまだわかる。簡略化という目的が果たされているからだ。

問題はつぎだ。

「ｗ」が、あるいはそれが並んだ様子が草っぽいから「草」と表現されるようになったのだという。

……。

……？

じゃあ「笑」でよかったじゃん！

その経緯を知ったとき、私はそんなふうに感じた。

簡略化されたものを、わざわざ別の漢字に変化させるとは、本末転倒はなはだしい。「笑」よりも「草」のほうが、キーボードを叩く回数は1、2回少ないのだ、という意見もあるかもしれない。しかし「w」から「草」に変化させる理由には、やはりならないのだ。

それでも、彼らもいつか、己の愚かさに気づくのだろう。そしてもう一度簡略化させるために、「草」の頭文字の「k」で表すようになるはずだ。「ウケるk」といった具合に。

今度はそれに飽きてきて、「『k』って、なんか座ってるみたいだから『座《ざ》』にしよう」と言い出す者が出てくる。

そして「ウケる座」などという表現が横行する。言われたほうは虚《むな》しくなってしまうだろう。「ウケたなら、せめて座らないでほしい」と思うのは当然だ。

その後、また面倒になり、「座」は「z」に簡略化される。そして「『z』は眠い感じがするから『眠』にしよう」とかほざき出す。例を考えると恐ろしくなる。

「ウケる眠」

もはやウケてなどいない。笑いのニュアンスは完全に失われ、どちらかというとスベっている印象を与えてしまう。

こんな混乱を招かないためにも、せめて「w」にとどめておかなくてはならないのだ。

しかし、私の想いなどには関係なく、愚の連鎖は続いていくのだろう。

「笑↓w↓草↓k↓座↓z↓眠↓m↓　」

将来、空欄にはどんな文字が埋まっているのだろうか。

「いまのちょっと面白い」の「ちょっと」は必要か？

ここ数年、誰かが気の利いた発言をしたとき、「いまのちょっと面白い」とか言ってしまう人を目にするようになった。

「いまの面白い」ではいけないのだろうか？

「ちょっと」というワードが加えられたことで、「『面白い』といえるレベルには満たないけど」というニュアンスが発生してしまう。

これでは発言した側も、褒められているはずなのに手放しで喜ぶことができず、下手をすれば落ち込んでしまう。

どうすれば「ちょっと」ではない面白い発言になったのだろうと、反省してしまう場合さえあるだろう。

はっきり言おう。

「ちょっと面白い」という言葉は、誰のことも幸せにしないのである。

褒められた側が喜べない褒め言葉などには何の価値もないし、きちんと褒めるのであれば「面白い」だけでいいはずなのだ。

どうしても何かを足したいのであれば「めちゃくちゃ」を使うほうが喜ばれるくらいのことはわかるはずだ。


ではなぜ、わざわざ「ちょっと」を加えてしまう人がいるのだろうか？

その心理について考察してみれば、答えはすぐに見つかる。

相手の発言が自分の感性の中枢には届いていないと暗に示すことで、くだらないプライドを守っているのだ。

「君にしてはよくがんばったとは思うけれども、その程度で『面白い』の評価をあげるような私ではない」という意味を含ませることで、発言者よりも優れた立場にいることをアピールしたいのだ。

自分が上である、あるいはあろうとする気持ちが、「ちょっと」という魔物を生み出すのに違いない。

おそらく、「今後に期待を込めて、星一つマイナスで」などという、わけのわからない論理をもってして、頑なに五つ星をつけないレビュワーに近い感覚の持ち主なのだろう。

もしも自分が料理を振る舞い、それを食べた相手に「これ、ちょっと美味しい」と言われたらどう感じるか、一生懸命マッサージした相手に「それ、ちょっと気持ちいい」と言われたらどう感じるか、ウエディングドレスを着た姿を見た友人に「今日、ちょっと美しい」と言われたらどう感じるか、式の最中に「ちょっとお似合いの二人！」と言われたらどう感じるか、子供を授かった報告をした相手に「それ、ちょっとおめでたい」と言われたらどう感じるか、一つのことに人生を捧げ、ノーベル賞を受賞したのに「それ、ちょっと偉大ですね」と言われたらどう感じるか——。


「ちょっと」要るか!?　と思うのが普通だろう。

思いつきで例を挙げたが、誰かを褒める際、「ちょっと」は幸せや喜びを激減させるものであることはおわかりいただけたのではないだろうか。

ただし、一つだけ例外がある。

ここまで述べてきた内容と矛盾するようだが、褒める局面で使う「ちょっと」でも、幸せ指数を上昇させる言葉が存在するのだ。

去っていく男の後ろ姿を見つめながら、女性が照れたように呟く、

「ちょっと好きかも……」

である。

この場合に限り、ただの「好きかも」より、言われた側の喜びは増すのである。

「グレープフルーツ」という
ネーミングはひどすぎやしないか

世の中にはたくさんのフルーツが存在する。

リンゴ、メロン、キウイ、レモンなど、それぞれに名前がつけられている。

その中で明らかに浮いているのが、グレープフルーツである。

私はこのグレープフルーツのことが不憫《ふびん》でならない。

どこもグレープ（ブドウ）らしくないのに、なぜ「グレープフルーツ」という名前がつけられたのか。

調べたところ、グレープと同じような感じで木になるフルーツだからだそうだ。

こんなにひどい話があるだろうか。

果実そのものが似ているならまだしも、「木になる様が似ているから」とは、私なら到底耐えられない。

フルーツでありながら、フルーツというワードを盛り込まれるのも堪《こた》えるはずだ。

そんなふうに念押しされてしまっては、まるで自分がフルーツではない何かであるように思え、

「え？　それわざわざ言わないとわからないかな？」

と、自己の存在そのものに疑いを持ってしまうに違いない。

種類を名前に組み込むなど、侮辱と言ってもいい行為なのだ。

私がグレープフルーツなら、こうも感じるだろう。

「みんな俺のこと『グレープフルーツ』って言うけど、グレープがもうフルーツだから！」

フルーツをフルーツでたとえるなど、そんな非道行為が許されていいはずがないのだ。

グレープフルーツは、グレープより後に発見されたばかりに、大変な目に遭っているのである。

その痛みを理解してもらうために、一つ例を挙げよう。

もしもあなたが、あるマンションに引っ越したとする。

その一室には、間取りと家族構成が似ている田中という人が住んでいた。それを根拠に、マンションの住人たちはあなたのことを、あなたの名前ではなく、「田

中人間」と呼ぶ。呼ばれ続ける。

どれほどつらいことか、おわかりいただけたと思う。

グレープという、別のフルーツを名前に組み込まれることで、こんな弊害もあるだろう。誰かがグレープフルーツを食べて「美味しい」と言ってくれても、手柄の何割かをグレープに搾取されたような気分になるはずだ。

つまりグレープフルーツに限って、たとえ果汁100%だったとしても、手柄果汁は70~80%に減衰してしまうのだ。

グレープ側は労せずして、自身の株を上げられるのだから理不尽である。

たとえばあなたが善意から、マンションの共用廊下を掃除したとする。しかし住人たちは「『田中人間』がやってくれた!」というふうに感謝するのだ。見返りなど期待していなかったとしても、心の中にモヤモヤしたものが残るのは明白だ。

「ピンク・グレープフルーツ」などという名前が生まれたときの気持ちを考えると、胸が張り裂けそうになる。

「グレープフルーツ」という名称は当然のように使用され、派生した言葉が誕生したのだ。人々のあいだに浸透し、広まってしまった不当な名は、もう変えられないと絶望したことだろう。

どちらかというとレモンやオレンジに近いのに、「グレープフルーツ」などと呼ばれるようになってしまったことに対しても、何も感じなかったはずがない。レモンやオレンジにちなんで、「砲丸レモン」や、「やや酸っぱオレンジ」と命名されたほうがまだ納得がいっただろう。

レモンにしてもオレンジにしても、本来、他人事ではないのだ。

もしもグレープフルーツより後にレモンが発見されていたら、「楕円グレープフルーツ・フルーツ」になっていたかもしれない。

もしもグレープフルーツより後にオレンジが発見されていたら、「小ぶり橙《だいだい》グレープフルーツ・フルーツ」になっていたかもしれない。

それなのに彼らは、とても幸せそうに暮らしている。

レモンに関しては、米津玄師《よねづけんし》が歌にしてから調子に乗っている節さえある。

このままでいいはずがない。少なくとも、私はそう考えている。

もしも同じ気持ちを持つ人がいるなら、私からお願いしたいことがある。

たとえ広まらなかったとしても、「は？　何言ってんの？」と馬鹿にされようとも、どうか今後はグレープフルーツのことを、こう呼んでやってほしい。

「リトル・ムーン」と。

グレープフルーツ時代にはありえないことだったが、これなら米津玄師が歌にしてくれる可能性すら秘めている。

これでグレープフルーツに、いやリトル・ムーンに希望を持たせることはできたはずだ。

しかしじつのところ、救うべき悲惨な果物はもう一つある。

「ドラゴンフルーツ」である。

これはさすがに悲惨すぎて、手の差し伸べ方が見つからない。

「先輩風を吹かす」に対して「後輩〇〇」がないのは不公平ではないか

「先輩風を吹かす」という言葉がある。

先輩が後輩に対して、必要以上に偉そうに、あるいは自慢げに指導することを表現した言い回しである。

だが先輩風を吹かされたほうにはこういった言い回しはなく、先輩風を吹かされっぱなしの印象になってしまう現状は、公平性に欠けているといえる。

この問題を解決するためには、先輩風を吹かされた後輩側の反応や行動を表す言い回しが必要なのではないだろうか。

①後輩窓を閉める
先輩風を吹かされたとき、動じずに対応するさま。
例文「上司が先輩風を吹かせてきたので、僕は後輩窓を閉めた」

②後輩風鈴を鳴らす

先輩風を吹かせてくる相手に怒ったりせず、微笑ましく見守るさま。爽やかなそよ風も、鬱陶しい先輩風も、同じように風鈴は鳴るのだ——そんな悟りを持った、懐の深い者のように接することから生まれた言葉。

③後輩風車で発電する

自分はこうなってはならないという教訓を相手から学び、自らの人間性を高めるさま。また、「こんな奴、いつか追い抜いて先輩風を吹かし返してやる」と、不快感をそのまま己の力に変える場合にも用いられる。

先輩の巻き起こす風力を利用する、②の強力版。

④後輩ろうそくを消す

うんざりしてやる気を失い、退職の意を固めるさま。

⑤後輩ヨットを進める

先輩風を帆いっぱいに受け、職場から去るさま。④との違いは、無限の可能性が広がる大海原に漕《こ》ぎ出す前向きな意思であること。

⑥後輩火炎瓶を投げる
先輩の偉そうな態度を指摘し、徹底抗戦するさま。

風属性に対して有効なのは火属性の攻撃であるとされていることから。


ここまで挙げたすべての、もしくはいずれかの言い回しが、未来の日本で常用されていることを願う。

しかし、もしも複数の案が日常的に使われてしまったとすると、今度は先輩側の言い回しが一つしかないという不公平が生まれてしまう。

私の研究に終わりはないようだ。

家庭内モンスター

僕が小学四年生だったとき、兄は六年生、弟は一年生だった。

全員男ということもあり、同じ遊びに熱中する時期はたびたび訪れた。

当時はまっていたのは、ゲームボーイの「北斗の拳」だった。

互いに向き合って戦う、２Ｄ格闘対戦ゲームだ。

二台のゲームボーイをケーブルでつなげば対人戦もできるし、一人でコンピューターと戦うこともできた。

一人プレイで相手を倒すと、アルファベットと数字を組み合わせた14文字のパスワードが表示され、対人戦をする前にそれを打ち込めば、強くなった状態で戦うことができた。つまり、一人プレイをやればやるほど、対人戦が有利になるという仕組みだ。

年齢差はあれども、はじめのうちはどっこいどっこいだった。

パンチ、キック、ジャンプ、遠距離攻撃のオーラと、複雑さはいっさいない、シンプルなゲームだったからだろう。

負けると悔しくなって、一人プレイで武者修行をし、キャラクターを強くした。

僕が勝つと、今度は負けた相手が僕にリベンジするために、一人プレイに励むこととなった。

勝つために、また勝ち続けるために、それぞれが努力を惜しまず、大局的に見ればどっこいどっこい、という状況は変わらなかった。

鍛錬の証であるパスワードは必ずメモを取り、兄にも弟にも決して見せなかった。

二人も同じく、パスワードはどこかに隠していた。

ある日、兄のほうから対戦を挑んできたので、喜んで受けて立った。

しかし対戦が始まってみると、いつもの兄ではないことがすぐにわかった。

一発の重みが違う……！

兄の操るカイオウの攻撃力が、飛躍的に上がっているのだった。

一撃喰《く》らっただけでも、僕のファルコの体力ゲージは、大きく削られてしまった。

それだけではない。防御力も上昇しているらしく、ファルコが攻撃を加えても、カイオウのゲージはわずかしか減らないのだ。

あっという間に、ファルコは叩きのめされてしまった。

「なんだこれ！　まるで歯が立たない……」

いったいどれだけ鍛錬すれば、ここまで強くすることができるのだろうか。しかし、兄だけが特別一人プレイに打ち込んでいたわけではなかった。

まさか、パスワードを盗み見られたのか？　いや、自分がこうしてやられたのだから、それもない。

「今度はオレとやろう」

弟が、兄に闘いを挑んだ。子供特有の「オレ」というイントネーションだった。

僕は弟の画面を覗き込み、プレイを観戦した。

やはり兄のカイオウは圧倒的に強く、弟のケンシロウはみるみる体力を削られていく。

これは闘いではない。折檻《せっかん》だ。

僕はカイオウの強さに恐怖した。

「なんでだ！　なんでだ！」

弟はしきりにその言葉を繰り返していた。

無論、ケンシロウは敗北した。

その後も交代交代、兄に勝負を挑んだが、僕たちは何度やっても勝てなかった。兄は終始、けらけらと笑っていた。

弟たちの悶《もだ》え苦しむ様は充分に堪能したとでも言うように、兄は笑いを止めると、信じがたい言葉を口にした。

「パスワードを解いたんだよ」

兄はパスワード入力画面に14文字を打ち込むと、僕たちに見せてきた。

そんな、馬鹿なことが……。

試しにそのままスタートボタンを押し、弟と闘ってみた。

やはり、圧倒的に強い。

今度は弟がそのパスワードを使い、僕は自分のパスワードを入力して勝負した。

弟の圧勝だった。

検証の結果、僕は確信した。

間違いない。兄は、最強のパスワードを解読したのだ。

「すげー！」

「マジかよー！」

僕と弟は興奮して兄を褒めたたえたが、兄はもう別のことを始めていた。

興奮が収まってくると、まるでそれが防波堤だったかのように、恐怖の波が押し寄せてきた。

僕たちは、とんでもないモンスターと一緒に暮らしている……！

それ以来、兄が「北斗の拳」で遊んでいる姿を見ることはなかった。

ひょっとしたら、彼だけ別のゲームを楽しんでいたのかもしれなかった。

兄は高校三年生のとき、東京大学を受験し、合格した。

両親を含め、周囲の人間は「すごい、すごい」と兄を持てはやしたが、僕には何の意外性も感じられなかった。

小六にして、ゲームのパスワードの法則を見抜くような人間に、入れない大学があるほうが不思議だ。

たまに兄の学歴を知った人が、「そういう血筋なんだね」と僕に言ってくれることがある。だがそんなものはないと明確に否定しておく。

現に弟の学力は壊滅的だった。

ちびっこ戦争

――勝ちと勝ち――

五年一組の仲間と一緒に、僕はスーパーの屋上で遊んでいた。家の近所にあるスーパーで、「東武ストア」から「マイン」に変わったばかりだったが、遊園地はそのまま残っていた。日曜日にはステージでヒーローショーなどが行われるため混むのだが、この日は平日の午後だったので、ほとんど貸切状態だった。

四人でひとしきり激しい遊びをし終え、誰が言い出すでもなく休憩タイムに突入した。

二人の友達はステージのへりに座っておしゃべりを始め、僕はもう一人の友達とフェンスに寄りかかった。

オレンジがかった陽を受ける遊具は、どれも静止していた。

せっかく空いているのに使わないのはもったいないような気がして、僕はその場を離れ、スプリングアニマルが並ぶエリアに向かった。

動物たちは円になり、それぞれがその中心を見つめている。

僕はロバ（だったと思う）の背中に跨って、耳のあたりから突き出たバーを摑み、グワングワン動かした。

揺れる視界に、五、六人の人影が映った。店内に続くひらきっぱなしのドアから、こちらに出てきたらしい。

不穏な空気を感じながらも、僕はロバをグワングワンさせ続けた。

僕たちと近い年齢の少年たちで、周りのスプリングアニマルが埋まっていく。

一番背が高く、横幅もある一人が、何も言わずに僕からロバを奪い取ろうと身体で押してきた。

僕はロバの耳を放さなかった。

「どけよ」

言いながら、そのでかい奴は僕を押しのけた。

こいつ、手を出しやがった……！

心は瞬間的に怒りで満たされ、僕は体格差のことなど忘れて、でかい奴の顔目がけて右拳を突き上げた。

拳は顎をかすめて首に命中した。しかし、ダメージはまったくないようだった。

でかい奴は僕の胸ぐらを掴み、足をかけてきた。当時から軽量級だった僕は、あっけなく地面に叩きつけられた。

倍近い体重にのしかかられ、僕は身動きができなくなっていた。

だが、こっちも一人ではない。いまに援軍が来て、このホールド状態から解いてくれることだろう。

僕は首を回して友達のほうに視線を飛ばした。

え――――――！

思わず心の中で叫んだ。

友達はみな、これぞ「見て見ぬふり」といったふうに、僕とは無関係の人間を演じているのだった。

正面に戻した視界の中で、拳が振り下ろされる。

額の左側に衝撃が発生し、画面が揺れた。

拳が引き戻される。

背景の空は夕焼けていた。

でかい奴は僕の額を殴った。何度も殴った。

しかし不思議なほど、痛みは感じなかった。

やがて満足したらしく、でかい奴は立ち上がり、僕を見下ろして言った。

「F小の六年だ。文句あったら来いよ」

なんだか自分が、立ち入ってはいけない領域に踏み込んでしまったような感覚をおぼえた。

長めの坊主頭の、いかにも子分といった風貌の奴が、でかい奴の隣で笑っていた。

F小の六年たちは楽しげに、店内に向かって歩いていく。

おい、待てよ。遊んでいけよ。そのためにオレを殴ったんだろうが……。

その想いを瞬時に言語化することができず、僕はただ目を剝《む》いて、奴らの後ろ姿を見つめていた。

「だ、大丈夫か?」

友達が駆け寄ってきた。

みな心配そうに僕の顔を覗き込んできたが、誰の目も見ることができなかった。

こてんぱんにやられてしまったみじめな自分を見られる恥ずかしさもあったが、原因の大部分は、不信感だった。

どうして、黙って見てられたんだよ……。

「今日は、帰るよ」

僕は起き上がり、服をはたくと、店内に続くドアに向かって歩いた。

あれだけ暴れていたスプリングアニマルたちも、すっかり沈黙していた。

「バイバイ」を言うことも、言われることもなかった。

家に向かって歩道を歩きながら、ケンシロウみたいに強かったらなあ、と思った。

もしも相手よりも圧倒的に強ければ、あいつらを叩きのめし、自分の遊び場所を守ることができたのだ。いや、僕がケンシロウだったら、構えただけで、あいつらは逃げ出していたことだろう。

だが、現実は違った。自分はまるで、「風のヒューイ」だった。ラオウに一撃でやられてしまった、風のヒューイだ。

待てよ。そうだとしたら、それほど恥ずかしいことじゃないかもしれない。ラオウに勝てるキャラクターなんて、ケンシロウくらいなのだから。

それから僕は、あのでかい奴を、ラオウと呼ぶことにした。

家に帰ると、母に事情を聴かれた。

左眉の上に、ツノみたいなたんこぶができていたのだ。

手当てをしてもらいながら、僕はあったことをそのまま話した。

一応学校に報告しておくと母が言うので、僕はやめてほしいと頼み込んだ。

恥ずかしい話だが、報復を恐れたのだ。

僕の通う西小からF小に苦情が入れば、ラオウは何かしらの罰を与えられるのかもしれない。しかしそのあと、「あいつ、大人に言いつけやがったな！」と僕を血眼になって捜すに違いない。そうなれば、僕は安心して遊べなくなってしまうだろう。

翌朝、痛みで熟睡できなかったこともあり、気分は最悪だった。

鏡を見ると、たんこぶはまったく小さくなっておらず、瞼に青タンまでできていた。ほんとに漫画みたいになるんだな、と少し感動してしまった。

視界を狭めている部分に鬱陶《うっとう》しさを感じながら、僕は学校に向かって歩いた。

足取りだけでなく、気も重かった。ケガについてあれやこれやと訊かれるだろうし、そうなれば、みじめな敗北の顛末《てんまつ》を話さなければならなくなってしまう。何より、昨日一緒にいた友達と、どう向き合えばいいのかわからない。

学校に着いてしまった。

意外なことに、担任の先生は何も訊いてこなかった。

いま思えば、母が先生に事情を説明していたとしか考えられないが、当時の僕はまったく気づいていなかった。

妙なことに、クラスメイトたちも、直接訊いてはこなかった。こちらを見てひそひそと話しているのには気づいたが、決して馬鹿にするような響きはなく、どちらかというと興奮しているようだった。

聞き耳を立てているうちに、状況を把握することができた。

昨日、あの場にいた友達が、みんなに話してくれたのだ。

たった一人で他校の上級生の集団に立ち向かった、英雄として。

三人にいだいてしまった不信感は感謝の念に変わり、わだかまりは一瞬で解けた。

事情に察しがつくと、クラスメイトたちの、特に女子の熱い視線が感じられるようになった。

「あいつ、やるじゃん」的なものや「見直しちゃったかも」的なものだ。

ああ、これが、主役になるということか。

こんなふうに見てもらえるのなら、殴られるのも悪くないな。

僕は本気でそう思った。

渡り廊下を気分よく歩いているとき、ふと恐ろしいことに気がついた。

もしもラオウが下級生だったとしたら、自分は笑い者になっていただろう。

いくらでかいからといって、下級生にぶちのめされた奴という烙印《らくいん》を押されていたに違いない。

ざまあみろ、と僕は胸の中でラオウに言った。

お前は勝ったと思っているかもしれない。実際勝ったのだろう。だが残念ながらお前は六年だった。四年ではなく、六年だった。こっちの状況をよく見てみろ。オレも、勝ちだ。ははははは！

しかし、僕に向けられる視線の熱さは、持続力を持たなかった。

わずか数日で、青タンと一緒に消え去った。

冬になり、その寒さが本格化した頃、僕たちはスケートリンクに遊びに行くようになっていた。

学校がない日曜日、それぞれ親から小遣いをもらって、電車で数駅離れた川越市まで行った。

アイススケート自体にはそれほど魅了されなかったのだが、施設内にあるゲームコーナーや、昼食のカップヌードル・カレー味が楽しみだった。

着いてすぐにある程度滑り、僕たちはゲームコーナーで遊んでいた。

小遣いを使い切ってしまわないよう、友達のプレイを観戦したり、なるべく長く遊べるゲームを選んだりと、それぞれが欲望を制御していた。

昼になり、カップヌードルを食べ、またしばらくゲームに没頭した。

とうとう帰りの電車賃の心配をしなければならないほどに、所持金が減ってきた。

ふと冷静になり、僕はゲーム機の席を立った。

このまま終わってしまうのでは、さすがにもったいない。

「ちょっと滑ってくるね」

仲間たちに告げ、リンクに向かった。

足首を捻《ひね》らないように注意して歩きながら、分厚い手袋をはめる。

そっと氷の上に足をのせ、手摺《てす》りを突き放した。

広いリンクには、たくさんの人たちが滑っているが、ぎゅうぎゅうというほどではなかった。

僕はあまりスピードを出さないようにしながら、スケートの感覚を楽しんだ。

後ろから人の気配がしてまもなく、真横に誰かが張りついてきた。

そちらに目を向けた瞬間、僕は息を呑《の》んだ。

「あれ、マインの屋上の」

ラオウの子分は僕の顔を覗き込んで言った。

その奥にはラオウの姿もある。

また大人数で行動しているらしく、あっという間に左右を塞がれた。

最悪だ。なんでよりにもよって、こんなところで出くわさなきゃならないんだ。また一発に対して何発も殴られるのか。いや、一発さえも喰らわせられないかもしれない。しかもいま、仲間は誰も見ていない。「勇気ある反逆」の目撃談を流布してくれることもないから、学校で英雄視される未来もない。くそ、くそ、くそ――！

「やっぱりそうだよな」

子分は言った。しかしその口調は、好意的なものだった。

ラオウが近づいてくる。

「おお、マインの。――元気だった？」

ラオウは嬉しそうに訊いてきた。

なんだ、どうしちゃったんだ……？

「え、うん」

混乱しながら僕は答えた。

「けっこう来るの？」

僕に並走しながらラオウは訊く。

「まあ、たまに」

「そうか。最近オレらもよく来るんだよ。——じゃあまたな！」

ラオウと子分は、スケートがうまいらしく、スイスイと前に進んでいく。

ほかの仲間たちもそのあとに続く。

取り残された僕は、呆然《ぼうぜん》と足を止め、慣性だけで移動していた。

「何？　どうした？」

僕の仲間たちが後ろから駆けつけた。

ゲームは切り上げたらしい。

「F小の六年。マインの屋上で会った」

僕が答えると、仲間たちに緊張が走った。

「マジかよ」

「大変だ……」

友達一人ひとりの顔に目を配りながら、僕は言った。

「でもなんか、なんて言うか……いい奴になってたんだ」

え、と洩《も》らし、みな戸惑った。

協議の結果、このまま遊んでも大丈夫なのではないかという結論に至り、僕たちはリンクを滑り続けた。

何度もラオウたちと顔を合わせたが、やはり威嚇されるようなことはなく、ときには雑談したりもした。

こうして、根拠不明の和解は成立した。

僕は小柄なままだったし、大人の目を気にして仕掛けてこなかったふうにも見えなかった。

一度打ち負かした相手に興味を失ったのか、ケンカしたあと仲間になる的なあれなのか、真相はわからなかったが、僕は腑に落ちない想いを抱えていた。

あんなふうに話せるなら、マインの屋上で会ったあのとき、一緒に遊べたんじゃないのか？　僕を突き飛ばしたりせず、「貸して」と一言言ってくれたら。

しかし、僕はケンシロウみたいに強くないから、それをラオウにぶつけることはできなかった。


高校生になって、家で不良漫画を読んでいたとき、一つの仮説が立った。

ラオウは、あのセリフを言いたかっただけなのではないだろうか。

――F小の六年だ。文句あったら来いよ――

何かの漫画に出てきたそのセリフに、ラオウは痺《しび》れた。どうしても言いたくなった。だがそれを実行するためには相手が必要だった。さらにその瞬間を見せつけるギャラリーも。ラオウはギャラリーとなる仲間を連れ、学区を越えて探し回った。そしてとうとう、マインの屋上で見つけた。

これなら、僕を打ち負かしたあとすぐに去っていったことも、二度目に会ったときにやさしかったことも肯《うなず》ける。屋上での態度は、遊具が目的ではなかったからだし、スケートリンクで敵意を示さなかったのは、同じ人間に二度あのセリフを使えば、知ってますけど、と言われてしまうからだ。

実際に願望が叶ったとき、ラオウはさぞ嬉しかったことだろう。仲間は触れ回っただろうから、きっと学校でもいい思いをしたに違いない。そう考えると、その部分がイーブンとなってしまい、痛みを受けたぶん、やはり僕が負けたことになる。

自分はあの屋上で、「西小の五年だ」と言うべきだったのだ。そうしておけば、ラオウはただ下級生をシメただけの奴で終わっていただろう。なんなら株を落としていたかもしれない。

取るに足らない後悔に苦笑して、僕は漫画の続きを読み始めた。

信念の座り込み

同じ時間を使うのなら、人生に役立つことを学びたい。

そう思うのは自然だし、実際僕も学生時代、授業で教わるほとんどの科目について、無駄なのではないかと考えていた。

しかし、「無駄だった」と言い切れる瞬間はいつだろう。じつは人生が終わるときまで訪れないのかもしれない。

少なくとも、学んでいる時点で決められるものではないのだ。


なぜダンスなんか学ばなくちゃならないんだ？

俺がやりたいのはお笑いだ。

養成所時代、僕はダンスの授業が大嫌いだった。

もちろん、ダンスを武器として爆笑をとるタイプの芸人もいる。

しかしそれはごく少数であり、養成所でちょろっと習った程度でそうなれるなら世話はない。

ダンスは選択授業にして、受講しない人間に対しては月謝を割り引くというかたちを取るべきなのだ。

養成所付近のファストフード店で、僕はその持論をぶちまけた。

「ほんとそうよ」

目つきの悪いキン肉マンみたいな顔で、竜次は頷く。後にロバートとなる秋山竜次くんだ。

養成所では基本的に五十音順に座らされるので、「あきやま」と「いたくら」で近くにいることが多かったことも手伝い、僕たちは割と早めに仲良くなっていた。

「ネタに関する授業を増やしてほしいよな」

ダブルチーズバーガーを咀嚼《そしゃく》しながら僕は言う。

「それよ。あんなことやっても、マジで意味ねえやろ。笑いに一個も役立たんし」

ごりごりの九州弁で、竜次は賛意を示した。

ダンスの授業では、課題を出されたこともあった。

数人で班をつくって、好きな曲を選び、習った動きを盛り込んだ創作ダンスを先生に披露するのだ。

地獄としか言いようがなかった。

僕と竜次は、後にポイズンガールバンドとなる阿部くんを含む数名の仲間とともに、長渕剛の『ろくなもんじゃねえ』にのせて、習った動きを皮肉るような無声コントを見せた。

それは、「俺たちがやりたいのはお笑いなんだ！」という心の叫びだった。

女性の先生は笑ってくれたが、授業内容が変わることもなかった。

ある日の授業の終わり際、僕は壁際の床に座っていた。

ガラス張りの面を背に立つ先生から、最も遠い位置だ。

「じゃあ最後に曲をかけるので、踊りたい人は踊りましょう」

床に座る生徒たちを見回しながら、先生は言った。

先生は毎回これを言う。そして生徒たちは全員踊る。

この風習について、僕は前々から反抗心をいだいていた。

「踊りたい人は」と言われたからといって、立場上踊らないわけにはいかないのだ。

それは先生もわかっているはず。ならばこちらのやる気を計るような小細工は使わず、

「じゃあ最後に曲をかけるので、全員で踊りましょう」と潔く言うべきではないか。

――いや、やってやる。

俺は今日、初めて「踊らない」を選択した生徒となって、踊りたくない人間もいるという事実を突きつけてやるのだ。

いやしかし……。

ただで済むだろうか。遅刻しただけでボウズにするような養成所だ。先生から校長に僕の悪評が伝わったら、何をされるかわかったものではない。

「どうする?」

隣に座る竜次が、小声で聞いてきた。

「いいよ、やめよう。踊りたくない奴は踊らなくていいはずだ」

迷いながらも、僕はそう答えた。

「そうやな。踊らんでいいわ」

竜次の口調からは、この悪習への、確かな憎しみが感じられた。彼も同感だったのだ。

同志ができたことにより、勇気は倍増し、不安は半減した。

僕は腹を決めた。やってやる。二人ならやれる。どんな罰を与えられようが構うものか。変革には痛みが伴うものだ。

ジャージ姿の生徒たちが、次々に立ち上がる。

僕たちは座ったままだ。

ほかの生徒たちは間隔をあけて整列し、踊る位置に着く。

僕たちは座ったままだ。

先生がラジカセに手を伸ばす。

僕たちは座ったままだ。

軽快な洋楽が流れ始めた。

僕たちは座ったままだ。

イントロが終わり、いよいよ踊り始めるポイントが来る。

僕たちは座ったまま――ではなかった。

突然竜次は立ち上がり、瞬間移動するように生徒たちの中に紛れ込むと、そのまま踊り始めたのだ。

僕は唖然《あぜん》として、身動き一つ取れなかった。

こんなにもあっさりとした裏切りが、こんなにも一方的な同盟破棄が、あっていいのだろうか。

鏡に映った僕は、雑踏の中で一人、体育座りをしたまま、目と口を大きくひらいていた。

やがて怒りが込み上げてきた。

あいつ土壇場で、怖《お》じ気《け》づきやがった……！

鏡越しに、僕はかつての盟友を見た。

彼は踊りながら、僕に向かって申し訳なさそうに小さく頭を下げた。

そして目をそらし、軽快に踊り始める。

もはや打つ手はなかった。

いまさら入っていくことなどできないし、立ち去るのも不可能だ。

音楽に合わせて、みんなは踊っている。竜次も踊っている。

僕だけが座ったままだ。

僕はじっと息を殺し、ただ時が過ぎるのを待った。

何も変えられず、待ち受ける罰にひたすら怯《おび》える、無力な反逆者だった。

幸い、僕に罰が与えられることはなかった。先生は校長に報告しないでくれたのだろう。

あのとき、先生がどんな目で僕を見ていたのかはわからない。忘れたのではない。

見ることができなかったのだ。

事件から数年が経過した頃、僕と竜次は同じコント番組に出演していた。

家で放送をチェックしていると、僕の出演していない、竜次メインのコーナーが流れた。

黒人ダンサーのような恰好をして、彼は踊っている。

――それよ。あんなことやっても、マジで意味ねえやろ。笑いに一個も役立たんし

――

養成所時代、確かにそう言っていた男が踊っているのは、紛れもなくそこで習ったダンスだった。

「めちゃくちゃ役立ってんじゃねえかよ」

部屋には一人だというのに、僕は声に出して、あのときの竜次にツッコミを入れた。

ちなみに僕にとっての「ダンスの授業が役立った瞬間」は、まだ訪れていない。

パスワード、パスワード
やかましいわ！

何でもかんでもパスワードを求められる時代だ。

タブレットをひらくにも、アプリにログインするにも、文字を打ち込まなければならない。

セキュリティー保護の観点から、必要なのは理解している。

しかし僕らは、パスワードに守られるよりも、苦しめられることのほうが多いのではないだろうか。

数年前、僕は大手通販サイトで買い物をするために、スマートフォンにアプリを入れ、そこにアクセスした。

「ユーザー名またはメールアドレス、パスワードを入力してください」という指示が表示された。

スマホからログインしようとしたのは、この日が初めてだった。

ただでさえ我慢ができない性分なので、出先で欲しいものを見つけても、家のパソコンでひらかなければ買えないようにしていたのだ。

これはいわば、自分なりの物欲ブレーキシステムなのだった。

しかし、やはりそれには不便さを感じていたため、僕はとうとうそのシステムを壊すことにした。

求められたとおり、僕はメールアドレスを打ち込み、続いて心当たりのあるパスワードを入力した。

「問題が発生しました。パスワードが正しくありません」と表示された。

はあ、やり直しか。

僕はため息をついてリトライした。

メールアドレスに関しては、ついさっき入力したものがスマホの予測変換のところに表示されていたので、そこに数回触れるだけで入力できた。

あとはパスワードだ。さっきのが違うのだとしたら、これか……？

僕は一度目に入力した文字列に何文字か足したものを入力した。

「問題が発生しました。パスワードが正しくありません」

「なんでだよ！」

思わず画面に向かって言ってしまった。

仕方なくもう一度入力する。

メールアドレスはやはり予測変換のところに出てくるので、そこを何度か押すだけで済んだ。

パスワードは、二度目に入れたもののアルファベットを、いくつか大文字にしてみた。

どうだ──「ログイン」と表示されている箇所を親指で押す。

「問題が発生しました。パスワードが正しくありません」

「んなんでだよ！」

僕はほとんどキレてしまっていた。

大文字を入れろだとか、数字も混ぜろだとか、そういったルールがそれぞれのサイトで違うから混乱するんだ。パスワードにできる文字列の条件は、すべてのサイトで共通にしてくれよ、機械どもが！

面倒だけど仕方ないか……。

家だったのでパソコンをひらいた。

そこから通販サイトにアクセスして、パスワードを確認しようと考えたのだ。

しかしパソコンでは、自動ログインされてしまうので確認ができなかった。

できなかったものの、ログイン画面からヒントを得ることはできた。

「●」で表示されているパスワードの文字数は、最初に入れたものと同じだったのだ。

あれ？　合ってたのか？

もしかしたら、最初に入力したとき、タップの仕方が雑だっただけなのかもしれない。

再度スマホを手に取り、メールアドレスを入力した。そしてパスワードを、慎重に一文字ずつ入力していく。

「ログイン」の箇所を押した。

「問題が発生しました。パスワードが正しくありません」

頭がおかしくなりそうだった。

何とか立て続けに深呼吸をして、体内から怒りを吐き出した。

パスワードの変更をすれば解決するのだろうが、それで済ませるのは癪《しゃく》だ。

変更癖がつくのも、脳にとってよくないと聞く。いや、そんなことじゃない。もはやこれは——。

人類とマシンの戦争なのだ！

『ターミネーター』みたいな世界にさせないためには、機械を調子に乗らせてはならない。

俺は、必ず勝ってみせる！

スマホで検索サイトをひらき、

「パスワード　忘れた　確認方法」や、「パスワード　忘れた　変更したくない」などで調べると、求めている回答が載っていそうな記事が出てきた。

それによると、パソコン自体のシステム設定か何かから、管理者として実行とか何とかをすれば、確認できる可能性があるとのことだった。

勝てる。俺は、勝てる……！

記事に書いてあるとおりに、僕はパソコン自体の設定アイコンをクリックし、そして書いてあるとおりの場所までたどり着いた。

Enter キーを押した。すると――。

「パスワードを入力してください」

なんと、パソコン自体のパスワードを求められたのだ。

「またパスワードか、貴様ら！　憶えてねえよ！　パソコン自体のパスワードなんて憶えてねえよ！」

爆発的な怒りは、気づけば絶望に変わっていた。

尻がずるずると椅子を滑り、僕は天井を仰いだ。

パスワードって、いったい何なのだろう？

パスワードに守られることより、苦しめられることのほうが多い気がする。

守られたことには気づかないから、そう感じるだけなのかもしれないけど、もういいや。たくさんだ。うんざりだ。

お前、よくやったよ。最後まで戦ったんだ。負けはしたが、恥じゃない。

それに、携帯からログインできないからって、それが何だっていうんだ。いままでどおり、パソコンからだけで買い物をすればいいじゃないか。

見てみろよ。充分便利な世の中だ。これ以上何を望む？

僕はパソコンから離れ、テレビを見たり、夕食をとったりした。

世の中の良い部分に目を向けていると、普段よりも穏やかな気持ちになれた。

完全に敗北を認めるため、僕は最後に一回だけと決めた上で、ログインにチャレンジした。

メールアドレスの入力も、予測変換は使わずに、まっさらな気持ちで、一文字一文字、丁寧に入力していく。

恐ろしい事実に気づいたのはそのときだった。

自分は、パスワードを間違えていたんじゃない。

自分が打ち間違えていたのは、
メールアドレスのほうだったんだ！

あまりの衝撃に、全身に力が入らなくなっていた。

もしも僕がカイジだったら、周囲がぐわんぐわんしていたことだろう。

気力を振り絞り、パスワードを入力した。

はじめに入れたパスワードは、正しかった。

僕は晴れて、スマートフォンでのログインに成功した。

自分はパスワードに苦しめられていたわけではなかった。己の不正確なタップと、予測変換の機能に踊らされていたのだ。

もう二度とこんな目に遭いたくないと、僕は通販サイトの名前と一緒に、パスワードを大学ノートにメモした。

記憶という不確かなものだけでは頼りなく、実体である紙に記したのだ。

少し経ってから、本末転倒であることに気がついた。

こんな、最も無防備で原始的な方法では、パスワードが本来持つ、セキュリティー保護という目的は、まったく果たされないのだから。

謎の発光体

不思議な光を目撃したという人は大勢いる。じつは僕も、そのうちの一人だ。

それを見たのは、もう10年以上も前のことだ。

漁港での撮影が終わり、僕はロケバスに戻った。

窓際の席に座り、ぼんやりと外を眺めながら、ロケバスの出発を待つ。

ひっきりなしに鳴るドアの開閉音が、共演者やスタッフが次々と乗車してきていることを報《しら》せていた。

当時、ローカルのロケ番組をやっており、隔週ペースで東北地方を訪れていたのだった。

つぎのロケ場所でも、面白キャラの人と出会えるといいのだが。

そんなことを考えながら、コンクリートの地面から、空へと視線を移していく。

空は雲に覆われていて、地面と同じような色をしている。

突然、僕は目を見ひらいた。

灰色の空に現れた、光の球体が見えたからだった。

「UFOだ！」

無意識に、僕は大声で叫んでいた。

「え？」

「何？」

「どこ？」

戸惑いの声があちこちから上がり、後輩芸人の一人が僕のそばに駆け寄ってきた。

「どこっすか？」

「あそこだよ！　ほら」

僕は光の方向を指さした。

「……いや、見えないっす」

そんなはずはない。確かに球体の光は浮かんでいる。

「いるじゃん、あそこ！」

僕は少し苛立っていた。

この手の不思議な物体を目撃したのは初めてだが、ずっと同じ位置にとどまっているものではないことくらいは知っている。

僕は急いで窓をスライドさせ、通路に立つ後輩を振り返った。

「えーと……？」

まだ認識できていないらしく、後輩は難しい顔で空を睨《にら》んでいる。

「なんで見えないんだよ！」

言いながら、ふたたび窓外に視線を伸ばす。

光は消えていた。

小さくなったわけではなく、残像さえ残さずに消えているのだった。

このままでは自分の発言が疑われてしまう――などとは微塵《みじん》も思わず、僕の気持ちはいっそう高ぶっていた。

テレビなどで目にするＵＦＯも、突然消えていたではないか。

つまりあれは、紛れもなくＵＦＯだったのだ。

「消えた！」

僕は思わず叫んでいた。

ふたたびバス内にざわめきが生まれたものの、それぞれが着席していることに気がついた。

女性のメイクさんたちも外を気にしてはいるが、その視線にさっきほどの熱は見受けられない。

どうやら僕が、出発の時間を遅らせているみたいだった。

仕方なく、僕は窓を閉めた。そのとき——。

「！」

ふたたびあの光が現れた。

「うわ！　また出た！」

「マジっすか！」

後輩はまた立ち上がって僕のそばまでくると、僕の視線と同じになるように腰を屈《かが》めた。

「ほら！　あそこ！」

何とかこの後輩だけには見てもらおうと、僕はふたたび窓を滑らせる。

光は忽然《こつぜん》と消えてしまった。

それと同時に、胸に冷たいものが広がった。

窓を開けたとたん、光は消えた。

さっきもそうだった。
そしていま、気づいてしまった。
消えたのは、光だけではないことに。
窓に映っていた後輩の姿も、一緒に消えたのだ。
そんな……。だったら、あの光は——？
僕は恐る恐る窓を閉めた。
やはり光が現れ、難しい顔をして外を見る後輩の姿も戻った。
僕はゆっくりと、背後を振り仰ぐ。
やがて視界の真ん中に、覚悟していたものが映った。
ロケバスの室内灯だ。
窓が閉まっているときにだけ出現し、窓を開ければ消える。
僕にしか見えなかったのは、単に角度の問題だったわけだ。
未確認でも飛行物体でもない。
確認済みの固定物体だったのだ。
「全然見えないんですけど」
後輩はまだ光を捜している。

「ほんとに見えたんだけどなあ」

腑に落ちないが、出発を遅らせないためにおしまいにしよう、という口調で僕は応えた。

恥ずかしい思いをしないために、咄嗟《とっさ》に真実を葬ったのだ。

後輩は、消化不良だと言わんばかりの表情を浮かべながらも着席し、バスは動き出した。

車体は大きく向きを変えたというのに、窓にはなお、球体の光が浮かんでいる。

「ドライバーさん、電気消してもらえますか」

と言いかけたが、急遽《きゅうきょ》やめた。

その言葉によって、「ＵＦＯ＝室内灯」の真実に、誰かが勘づいてしまう危険性があるからだ。

もう後戻りはできないな、と僕は思った。

からくりに気づいた時点で告白していれば、勘違いで騒いでしまったお馬鹿さんで済んだことだろう。

しかしもう遅い。

一度とぼけてしまってから白状すれば、己の自尊心を守るために真実を隠蔽したことまでもが露見してしまう。

僕の行動には、すでに卑しさや悪質性が生じてしまっている。

気づけば空を見つめ、室内灯ではない光を捜していた。

もはやすべての嘘を真実に塗り替えるには、本物のＵＦＯの出現に期待するしかなかったのだ。

しかし残念ながら、そんなことは起こらなかった。


不思議な光を目撃したという人は大勢いる。

その全員に、僕は問いたい。

光とあなたのあいだに、ガラスはなかっただろうか？

名物女将の旅館

貶《けな》されれば落ち込み、褒められれば嬉しくなるのが人間だ。

しかし、褒められて落ち込む場合もあることを、僕は知っている。

知人からサバゲーの貸切ゲームに誘われたのは、五年ほど前のことだ。

開催日のスケジュールを調べてみると、ちょうど仕事は入っていなかったので、僕はありがたく参加させてもらうことにした。

フィールドは山梨県にあるとのことで、帰りの渋滞や運転疲れが予想された。開催日翌日の仕事は夕方からだったので、僕は現地に一泊してみようと考えた。

当時はまだ車中泊仕様のハイエースではなく、レクサスのＩＳに乗っていたので、宿に泊まる必要があったのだ。

早速インターネットで宿を探し始めたが、なかなか見つからない。

「お、ここいいな」と思う宿を見つけても、「二名様〜」である旅館がほとんどなのだ。一人で泊まれる旅館が少ないことを、そのとき初めて知った。

ホテルならそこそこあるようだが、どうしても旅館に泊まりたかった。ホテルのベッドがどうにも合わないのと、大きな風呂が好きだからだ。

一時間近くパソコンの画面を睨みつけ、ようやく良さそうな旅館を見つけた。露天ではないものの温泉もあるようだし、僕の好物である、うなぎを出してくれるらしかった。しかも天然の！

宿のホームページには、60歳前後と思われる女将が抹茶を点《た》てる姿が載っていて、「女将は人の良いところを見つける名人」と記されていた。

占いとはちょっと違うが、それも楽しみの一つになった。

予約はすんなりと取れ、その日はすぐに訪れた。

サバゲーはいつも以上に楽しめた。

初めてのフィールドだったのも要因の一つではあるが、帰りの運転の心配がないことや、天然うなぎが待っていることのほうが大きかった気がする。

コンビニに寄ってから、宿を目指した。

本降りとなった雨が落ちる駐車場に車を停め、引き戸を滑らせる。

「いらっしゃいませ」

すぐに女将が出迎えてくれた。

「雨の中ようこそ」

おお、あの人だ、と僕は少しだけ舞い上がった。

部屋に案内され、座布団に腰を下ろすと、女将は抹茶を点ててくれた。そして館内設備や、周辺でできるレジャーなどに関して、終始にこやかに説明してくれた。

抹茶を飲み終えた僕は、さっそく風呂に向かった。

一日遊んだあとに浸かる温泉は格別だった。

貸切であるため気兼ねする必要もなく、広い湯舟で、「ああ、あの狙撃は気持ちよかったな」などと、日中のファインプレーを思い返した。

一度部屋に戻り、浴衣に着替えて食事処に向かった。

もともと日に四組しか泊まれない小ぢんまりした旅館だが、平日だからだろう、僕以外の客は一組だけだった。

すでにカップルらしき男女が席に着き、食事を楽しんでいた。

女将は張り切った様子で、二人に料理の説明をしている。

僕の席は、少し離れた場所に用意されていた。

そこに座って聞き耳を立てていると、女将の声が聞こえてきた。

カップルの容姿や、食事の所作などを褒めている。

おお、さすがは「人の良いところを見つける名人！」と僕はやや興奮した。

料理はすごい量だった。

メインのうなぎが入らなくなるのではないかと心配するほどだったが、天然うなぎの美味さは、僕の満腹感などたやすく消し去った。

思わず「美味しかったです」と伝えると、女将は嬉しそうに礼を言った。

カップルも満足そうだった。そちらのテーブルを片づけながら女将は、女性の食べっぷりを褒めていた。

やがて、女将は「おやすみなさい」と言って食事処から出ていった。当然ながら、明日も早起きしなければならないのだろう。

僕だけはまだ良いところを見つけてもらえていない状態だが、自分からけしかけるのはルール違反であるように思え、挨拶を返すにとどめた。

残されたカップルと僕は、会話をするようになっていた。

サバゲーをして、渋滞を避けるために泊まることにしたのだと説明すると、「サバゲーですか。僕も興味あるんですよ」と男性は応えた。

「エアガン持ってるもんね」と彼女が続く。

そうとわかれば僕の心のドアは完全に開け放たれ、いま振り返れば相手が求めてもいないようなことまで喋っていた。

今度は僕が二人について訊《たず》ねると、男性のほうは医者で、女性のほうは看護師であることがわかった。

どうりで言動から知性を感じるわけだ、と妙に納得した。

結婚も決まっているらしく、二人は少ない休みを合わせ、過密スケジュールでの旅行をしているのだという。しかしあいにくの雨で、予定はだいぶ狂ってしまったらしい。

僕は雨を憎んだ。

こんな素敵な二人の、数年に一度行けるかどうかの旅行を邪魔するなんて、ひどすぎるじゃないか！

せめて、二人が予定を変更したことで、本来できるはずだった思い出よりも素晴らしい思い出を、つくらせてあげてくれよ。うう……。うう……。

「あなたの良いところは、そのやさしさです」

寝ていたはずの女将が突然現れて、僕を褒めてくれる——なんてことは起こらなかった。

夜は更けていき、気づけばだいぶ酔っていた。

僕たちはそれぞれ部屋に戻り、僕は雨音を聞きながら眠りに就いた。

翌朝、食事処で朝食を食べ終え、例のカップルにお別れをした。

部屋で荷物をまとめながら、僕はこの旅を振り返る。

好きな趣味で遊び、温泉に浸かり、美味いものを食べ、幸せを願わずにはいられないような、善良な人たちとの出会いもあった。

だが、満点ではない。

自分はまだ、女将に褒めてもらっていないのだ。

荷物を持って、部屋をあとにした。

カップルはすでにチェックアウトを済ませたらしく、館内はとても静かだった。

玄関にあるカウンターで、チェックアウトの手続きをする。

女将はニコニコと笑っているが、僕を褒めてはくれなかった。

「人の良いところを見つける名人」に見つけられないのだとしたら、自分はいったい誰に、良いところを見つけてもらえるというのだろう。

そんな、落胆に似た気持ちを抱えながら、僕は宿を出た。
雨が降っていたのだが、女将は見送りに出てくれた。
「あ、大丈夫ですよ。雨すごいんで」
僕は振り返ってそう言うと、車に向き直る。
そのとき、とうとう女将は、僕を褒めてくれた。
「素敵なお車ですね」
胸に喜びは生まれず、悲しみが広がっていく。
女将から見た僕の長所は、素敵な車を所有しているところだったようだ。
「はは。ありがとうございます。はは」
僕は運転席に乗り込み、車を発進させた。
少し離れたところで、女将は笑顔でお辞儀をしている。
必ずまた来ます。あなたにたくさん褒めてもらえるような、魅力的な人間になって
――。
ハンドルを握りながら、僕はこの車を大切にしようと思った。
現時点での、僕の唯一の長所なのだから……。
さらに追い打ちをかけるように、3号線上りで、朝の渋滞が僕を待っていた。

渾身の力作

悲しい目に遭わないのが一番だが、ときにその体験が、味わった悲しみ以上の喜びをもたらしてくれることもある。


今年こそ、工作で誰よりも目立ってやる……！

小学五年生の夏休み、僕はそう誓った。

夏休み明けに提出した作品は、しばらくのあいだ教室や廊下に展示されることになっていた。

図工は得意であるはずなのに、僕は工作の類で褒められたことがなかった。

考えられる原因はただ一つ。

本気を出していなかったからだ。

これまで自分は、遊びへの欲求に任せ、宿題の類には最低限の時間しか割いてこなかった。

しかし傷ついたプライドは、内に眠っていた創作意欲と承認欲求を覚醒させた。

僕は子供部屋に寝そべり、天井を見つめながら考えていた。

一番目立つためには、圧倒的な「何か」が必要だ。まずタミヤの組み立てるだけのキットや、小さい扇風機など、ほかの奴らとかぶるものでは駄目だ。

そうでなくとも、ほかの作品に埋もれてしまうような大きさでは目立たないだろう。

僕ははっとして起き上がった。

大きさ——そうだ、誰よりも大きいものをつくろう！

母に材料費をもらい、「ドーゼン」という日曜大工用品店に向かった。

そこで厚めの板やベニヤ板を買い込み、自宅マンションに戻った。

父の工具箱を引っ張り出し、さっそく「巨大棚」づくりに取りかかった。

マンションの各フロアには貸倉庫が並んだエリアがあり、その前の廊下ならほとんど誰も通らないので、僕はそこで作業することにした。

メジャーで寸法を測ったり、鉛筆で線を引いたり、のこぎりで切ったり、釘を打ったり、失敗して抜いたり、毎日着々と作業を進めていった。

10日ほど経ったとき、自分の背丈に並ぶほどの棚が出来上がっていた。

その表面は、仕上げに塗ったニスによって光沢を放っている。

これは、目立つぞ……！

圧倒されているクラスメイトたちの顔を思い浮かべながら、僕は勝利を確信した。

二学期が始まり、僕は渾身《こんしん》の力作を連れて家を出た。

巨大棚を運ぶのは骨だった。亀の甲羅のように背中に担ぐ以外に方法はなく、思うように歩くことができなかった。歩を進めるたびに、中板が背中に擦れて痛かった。その痛みと疲労により、途中で何度も休憩をとらなくてはならなかったが、希望が力を与えてくれたおかげか、遅刻することはなかった。

仲のいい友達が「お、でかい」と声をかけてきたが、初日の反応はそれくらいだった。

まあいい。正式に展示されるのは明日からだ。

翌日、クラスのみんなが提出した作品は、教室や廊下のロッカーの上に並べられていた。

とうとう、僕の作品の前に、クラスメイトたちがひれ伏すときがきたのだ。

巨大棚は、廊下のロッカーの上にあった。

「な……」

その姿を見て、僕は絶句した。

棚はある。確かにある。

だが、僕の棚に、ほかのクラスメイトたちの作品が飾られているのだった。

モーターがむき出しになった車、紙の粘土でつくられた人形、小さい扇風機——。

巨大な棚は目立つどころか、完全にカモフラージュされていた。ロッカーに並んだ作品たちの中に、見事なまでに馴染んでしまっている。

いや、むしろ子供たちの作品を飾るために学校側が用意したものであるかのようにさえ見えた。

「板倉俊之」と書いた紙片は貼られている。しかし棚の一番下から申し訳程度に飛び出しているだけだ。これでは誰も気づかないだろう。

たぶん先生に悪気はない。限られたスペースに全員ぶんの作品を展示するためには、やむを得なかったのかもしれない。

そうだとしても——あんまりだ。

僕はあまりの衝撃に、先生に抗議することも、これは自分の作品なのだと叫ぶこともできなかった。

展示期間中、巨大棚そのものに焦点を合わせていたのは、きっと僕だけだった。

やがて、それぞれ作品を持ち帰る日が訪れた。

僕はふたたび亀の甲羅のように棚を担ぎ、校舎の階段を下りる。

友達はみな、棚のことについて触れてはこず、「一回家帰ったら校庭に集合ね！」

といった内容の言葉をかけて去っていった。

下駄箱の横に棚を一度下ろし、靴を履き替える。

「板ちゃん、それなあに？」

棚を見ながら、クラスの女子が訊いてきた。

一瞬にして、僕の怒りは頂点に達した。

「それなあに？」だと!?

遊ぶ時間を削り、何日もかけて、誰の力も借りずにつくり上げた力作だ。

あったんだよ。ずっと、ロッカーの上に。きみだって見ていたはずだ。毎日、視界に入っていたはずだ！

それを、「なあに？」だと……？

いつのまにか、怒りは虚しさに変わっていた。

「ん？　棚……」

とだけ言って、僕はそれを背中に担いだ。

絶望が力を奪うのか、絶望そのものが質量を有しているのか、とにかく持っていったときよりも、棚は重く感じられた。

その後、棚は子供部屋に設置され、少年ジャンプや「ゾイド」などの収納に役立てられた。しかし胸の中から、虚しさは消えてはくれなかった。

十数年が経ち、僕はお笑い芸人になっていた。

テレビのトーク番組に出演したとき、この絶望の話を披露した。

共演者もスタッフも観覧のお客さんも、大いに笑ってくれた。

そのときようやく、あの棚をつくってよかったと思えた。

必要のない仕事

ローテーブルの前で片膝を立てて、僕はネタを考えていた。

無音にしたテレビ画面には、津波の映像や、悲しみに暮れる人々が映っている。

東日本大震災から、数日が経った夜だった。

ゴールデンウィークに単独ライブを控えており、そのチケットはすでに発売されていた。

僕はその台本を書かなくてはならなかったが、どうにも集中することができないのだった。

こんなときに、自分はいったい何をやっているんだ?

いま「面白いこと」を考えるなど、許されるはずがないだろ——。

いっそテレビを消してしまえば、いくらか現実を忘れられるのかもしれないが、僕にはそうする勇気も持てなかった。

このまま当日を迎えたら、一番困るのは自分だ。何より、チケットを買ってくれた人たちにどんな言い訳をするつもりなんだ？

そんなふうに自分に言い聞かせながら、目の前に広げられた大学ノートを睨んだ。そこに書かれたコント設定やセリフの断片を、頭の中で膨らませていく。

面白いことが浮かんでくすりと笑うたびに、自分が血も涙もない冷酷な人間に思えて苦しくなった。

しかし、それだけで済めばまだマシだった。

救助活動を続ける自衛隊員や消防隊員、物資を運ぶトラック、被災者に食べ物を振る舞う人たち——。

無意識にテレビ画面を見つめているとき、僕は気づいてしまった。

自分は、必要のない仕事をしている。

ずっと、人が生きていく上で必要のない仕事をしていたのだ。

早くして結果を出せたことで、自分はネタをつくる力を持っているのだと思っていた。

だがそんなものに、価値などなかったのだ。

芸人を目指すと告げたとき、「売れるわけない」と表情で言ってきた奴らに勝ったつもりでいた。

だがそんな勝負など、ただの一人相撲だったのだ。

自分は、必要のない仕事をしているのだから。

食べ物をつくるわけでも運ぶわけでもなく、ましてや人命救助をするわけでもなく、いざというときには何の役にも立たない、いや、有事でなくとも無力な、はじめからなくても誰も困らない仕事だったのだ。

平穏な日常が成り立った上で、はじめて娯楽は必要とされる。

生活基盤が安定しない状態で、いったい誰が笑えるというのか。

翌日、家を出て仕事に向かった。

番組収録はほとんど中止になったものの、ぜんぶというわけではなかった。

収録するバラエティ番組は決まって「こんなときだからこそ笑いを！」と、そんなセリフを頭にくっつけてから始めていたが、僕にはそれが、自分たちだけ通常営業するための言い訳のように、そして批判を受けないようにするための詭弁《きべん》に思え、復唱することはできなかった。

帰宅して、またニュース番組を流しながらネタを考えた。

夜中になり、腹が減ってきたのでコンビニに向かった。本当は出前を注文したかったのだが、やっているはずがないと思った。

コンビニに着き、そのドアをくぐった瞬間、僕は啞然とした。

食料品が見当たらないのだ。

チンするごはんを買って、それにふりかけでもかけてしのごうかと思ったのだが、甘かった。

普段チンするごはんが置かれている棚には、商品名の記された札しかないのだった。

これが、買い占めというやつか――。

平時からチンするごはんを食べていた僕にとっては深刻な事態だったが、不思議と気持ちが楽になった。

たぶん、自分より身勝手な人間が存在することを実感できたからだろう。

それから何日も仕事はなく、家にあった食料がとうとう尽きてしまった。

コンビニにはあいかわらずまともな食料は売られておらず、僕はダメでもともといった気持ちで、寿司のチェーン店のメニュー表を取り出した。

携帯電話でその番号にかける。

『はい、〇〇寿司です』

若い男性の声だった。

「え？　やってるんですか？」

自分からかけておきながら、僕は無意識に訊いていた。

『あ、はい。――ご注文は？』

助かった。これでようやくまともな食事にありつける！

僕は興奮気味に注文を済ませて電話を切った。

しばらくして、若い男性配達員が品物を届けに来た。

僕にはその人が命の恩人のように思え、つい余計なことを口走っていた。

「助かりました。ありがとうございます！」

相手はおかしな人と接するようにぎこちない笑みを浮かべ、「またお願いします」と言い残して去っていった。

寿司を食べながら、ぼんやりとメニュー表を眺めていると、「甘エビ」という文字に違和感をおぼえた。

味が名前に組み込まれているじゃないか。

喰われることを前提に名づけられた「甘エビ」は、いったいどんな気持ちだろう。

これはネタになりそうだと思った。実際ライブ当日には、「ＡＭＡＥＢＩ」というコントとして発表できるものとなってくれた。

しかし、これはいけるぞと浮かれた矢先、やはり罪悪感は襲いかかってくるのだった。

稽古が始まってからは、いくらか気が紛れた。一人で考える時間が減ったからだろう。

余震によって中止になるといった事態も覚悟していたが、ライブは三回とも無事に終わった。

幕が上がってしまえば、あれこれ考える余裕などなく、僕はただ演技に集中していた。お客さんの反応もよかった（と思う）が、やはり自分が必要のない仕事をしているという意識は消えなかった。

そのぶん観に来てくれた人たちのありがたみを何倍にも感じられるようになったことは、思わぬ副産物といえたが……。

悲しい映像が流れる時間が短くなっていくのに伴って、思考の大部分を占めていた問題について考える時間も減っていった。

整理できない荷物にブルーシートをかぶせるみたいに、僕はひねり出した理屈で問題を覆い隠した。

人が生きていく上で必要のない仕事なんて、何もお笑い芸人だけじゃない。大半の仕事がそうじゃないか――。

やがて、そこに何があったのかもわからなくなった。


数年が経った夏、携帯電話にメールが届いた。

〈久しぶりに飲みにでも行かない？〉

高校時代の友人であるHだった。（本書の55ページ、「偶然の実写化」に登場したHである）

電話をかけて近況を訊ねてみれば、Hはいま消防隊員をしているのだという。ちょうど僕は『月の炎』の構想を練っている段階にあり、消防士に取材をしたいと考えているときだった。

数日後に会う約束をして、僕たちは電話を切った。

当日、座布団が湿った感じのする居酒屋で、僕たちはビールを飲みながら学生時代の昔話で盛り上がった。

Hといて心地がいいのは、彼が「芸能界ってどうなの？」「誰誰と会ったことある？」というようなミーハーな質問を浴びせてくることがなく、高校時代の関係性のまま会話することができるからに違いなかった。

しかし裏を返せば、彼にはドライな面もあるといえる。僕が芸人になると言ったとき、「へえ」くらいの反応だったし、駆け出しのときに誘ったライブを観に来たことはあるものの、それきりHは僕が出演するライブに足を運んだことはなかった。少なくとも、僕の耳には入っていない。おそらく僕の出演するテレビ番組なども、わざわざ観てはいないのだろう。

小説の取材はまだ済んでいなかったが、僕たちは店を移ることにした。甘いものを食べたくなったのだが、その店には魅力的なデザートがなかったからだ。

カフェだかバーだか、とにかく開放感のある店のソファー席で、僕は向かい側に座るHに、消防士という職業について訊ねた。

消防士と言っても、消火活動をするポンプ隊員だけではなく、救急車で出動する救急隊員や、オレンジと呼ばれるレスキュー隊員も含まれるらしかった。

Hの場合はポンプ隊員をしながら資格を取り、救急隊員になったのだそうだ。

Hの話を聞いているあいだ、頭が下がる思いだった。

Hは毎日のように人の生き死にに直接関わり、困っている人の力になっているのだ。

間違いなく、Hは「必要な仕事」をしている。

そう思った瞬間、覆い隠したあの問題が、ふたたび頭の中に現れた。

自分は、必要のない仕事をしている。

やがてHの話は東日本大震災のときの体験談に移り変わった。

「あのときはこっちも大変だったよ」

多くの消防隊員が被災地へ動員され、その影響で東京に残ったHも、ろくに休みも取れず働きづめだったのだという。

身体は疲れ果て、家に帰ってテレビをつければ悲しい映像ばかりが流れている。そして、自分が現地に行けないもどかしさも感じたそうだ。

「すごい仕事だな。俺なんかとは違う」

パンケーキを食べながら、思わず僕は言った。

「そんなことねえよ」

外国のビールを飲みながら、Hは即座に否定した。

「あのときマジで精神的にきつかったから、俺もう関係ないものが見たくて、よくツタヤでお笑いのDVDを借りてきて観てたよ。笑ってだいぶ楽になったんだ」

その言葉を聞いたとたん、あの時期にネタを考えて一人笑っていたことが、許された気がした。

そして頭の中にあるあの問題が、みるみる小さくなっていく感覚をおぼえた。お笑いが、困った人を直接的に助ける男の救いになっていたなんて思わなかった。そしておそらく、そのＤＶＤというのは――。

Ｈはいままで、そんな素振りは見せなかったが、きっと僕の活動を気にかけていたのだ。

確信を事実に変えるため、僕は訊く。

「え、何のＤＶＤを観たの？」

Ｈは嬉しそうにこう答えた。

「狩野英孝が淳にめちゃくちゃいじり倒されるやつ！」

いや旧友のつくったコントだと答える流れだろうが！　嘘でもそう言えや！　という思いがこみ上げたが、口には出さなかった。酔ってはいても、それがダサすぎる行為であることくらいはわかっていた。

「ああ、あれ面白いもんな」

そう返し、その話はおしまいにした。

思わぬパンチを喰らいはしたものの、Ｈの話を聞いてよかったと、僕は心から思った。

お笑いが必要のない仕事だという認識は、いまでも変わっていない。

しかし、あってもいい、あったほうがいい仕事だと思えるようになった。

英孝ちゃんは、Hの救いになっていたことを知らずにいる。あの夜、寿司を運んでくれた配達員も、寿司を握った職人も、その仕事が僕の救いになっていたことなんて知らないはずだ。

つまりは、こういうことなのではないだろうか。

ただやっている本人に自覚がないだけで、きっとどんな仕事も、見知らぬ誰かの救いになっている。

右、左、右

「右、左、右」

誰もが知っている、横断歩道を渡るときの安全確認の方法だ。

私はこれに、幼少期から疑問を感じていた。

「なぜ両側を見たあとに、もう一度右を見なければならないのか？」

このように訊くと、大人は決まってこう答えた。

「左を見ているあいだに、右から車両が来ているかもしれないから」だと。

腑に落ちなかった。そんなことを言い出せば、二回目に右を見ているあいだにも、左から来ているかもしれないのだ。右を見ているあいだには左から、左を見ているあいだには右から——。いつになっても「かもしれない」が払拭されることはない。

理論上、我々は永久に横断歩道を渡れなくなってしまうのだ。信号機のない横断歩道に直面したが最後、左右に首を回し続け、そこで生涯を終えることになる。

家を出る際の忘れ物確認に置き換えれば、こう言われているに等しい。

「『財布、携帯、鍵』では駄目だ。『財布、携帯、鍵、財布』と確認するべきだ。なぜなら、携帯電話と鍵を持ったことを確認しているあいだに、財布がなくなっているかもしれないからだ」

納得できるだろうか？

そんなことを言い出せば、財布と携帯を確認中に鍵が、鍵と財布を確認中に携帯がなくなっているかもしれないということになり、永久に家を出ることができなくなってしまう。

日本の交通ルール上、右から来る車両が近いからもう一度見るのだという意見もあるだろう。しかしそうだしたら、はじめから「左、右」で済むはずだ。

ではなぜ「右、左、右」になったのだろうか。きっと、納得のいく起源があるに違いない。

仮説1。もともと、

「右、左、俺なんで東京出てきたんだっけ？　右」だった。

和哉《かずや》は、横断歩道を渡ろうして、右、左と確認した。そのとき、ビルに大きく掲示された、ミュージシャンの看板が目に留まる。和哉と同年代のアーティストだ。夢を掴むために上京したはずなのに、毎日バイトばかりで、ここ数か月、曲をつくってさえいない。和哉はたまらず、その看板を視界から追い出そうと、右に目をそらした。

この切ない一幕の、ストーリーの部分が省かれて、「右、左、右」となった。

仮説2。もともと、

「右、左、和哉？　右、そんなわけ、ないよね……」だった。

早苗《さなえ》は、横断歩道を渡ろうとして、右、左と確認した。そのとき、さっき見た右側の歩道に、かつての恋人の姿があった気がした。はっと右を振り返る。しかしそれが人違いだったことに気づき、ため息をついた。

この切ない一幕の、ストーリーの部分が省かれて、「右、左、右」となった。

仮説3。もともと、

「右、左、そりゃそうだよな。……幸せに、なるんだぜ。右」だった。

和哉は、横断歩道を渡ろうとして、右、左と確認した。すると道路を挟んだ向かい側に、ベビーカーをひいて歩く若い母親の姿を見た。夢のために別れたかつての恋人、早苗だった。早苗は横を歩く夫らしき男に笑顔を向けている。もう少しでメジャーデビューできそうだった。そしてそうなったら、迎えに行こうと思っていた。だが、和哉はその現実を受け容れ、自分がここにいることを気づかれまいとして、右に顔を背けた。

この切ない一幕の、ストーリーの部分が省かれて、「右、左、右」となった。

どの仮説が正しいのかはわからない。あるいは、どれも正しくないのかもしれない。

しかし、私は和哉のことも早苗のことも好きだ。だから彼らの人生を肯定するために、「右、左、右」と安全確認していくことにする。

「シュミレーション」と言った人に「いや、シミュレーションだから」と指摘するのはもうやめにしないか

「simulation」という英単語がある。

私が子供だった頃はこれを、「シュミレーション」と発音するのが主流だった。『信長の野望』などは「シュミレーション・ゲーム」と言っていたし、周りの人間もそうだった。

むしろ「シミュレーション」などと発音している者を見たことはなく、説明書などにも「シュミレーション・ゲーム」と書かれていた気さえする。

しかし現在、「シュミレーション」と読み書きすると、「いやシミュレーションだから」と指摘されてしまう。

私が大人になるまでのあいだに、誰かが気づいたのだろう。

「あ！　これシミュレーションだよ！　だって『si』を『シュ』って読むのお

「シュミレーション」と言った人に
「いや、シミュレーションだから」と指摘するのはもうやめにしないか

かしいもん！」と。

スペルを読む限り、より本来の発音に近いのは「シミュレーション」のほうだ。

間違いなく、指摘している側が正しい。

だが、この「シミュレーション」という言葉には大きな問題がある。

言いづらいのだ。

私の中ではSランクに位置づけられている。

私の中では「きゃりーぱみゅぱみゅ」がSSランクだと説明すれば、その言いづらさはご理解いただけるだろう。

この言葉を使おうとするたびに、私の身体には緊張が走る。

この口はつまずいてしまわないだろうか。

「シムレーション」と言ってしまわないだろうか。

そうなってしまった場合、相手は見逃してくれるだろうか。

口の筋肉は硬くなり、全身が震え、胸の中は恐怖に支配される。

そしていつからか、私はこの言葉の使用を避けるようになった。

無論この緊張感は、指摘する側の心にも発生しているに違いない。

この口はつまずいてしまわないだろうか。

「シムレーション」と言ってしまわないだろうか。

指摘するときに噛んだりしたら、赤っ恥をかくのは自分のほうだ。

そしてつい最近まで「シュミレーション」と言っていたことがバレてしまう。

でも――自分の過去を棚に上げてでも、優越感を得たい。

そんなふうに、恐怖と欲望の狭間《はざま》で震えているのだ。

「シミュレーション」を綺麗に発音する難易度は、「エベレーター」と言った子供に「エレベーターだよ」と教えてあげるのとはわけが違う。

正しいのは「シミュレーション」だ。わかっている。しかしその正しさによって、いったい、誰が幸せになっているというのか。このままでは、全国民が精神崩壊を起こしかねない。そんな悲しい未来を避けるためにはどうすればいいのか
――私はその難問に立ち向かった。そしていま、私はこう考える。

もう「シュミレーション」でよくないかな、と。

みな、それを望んでいるはずなのだ。

発しようとするだけでストレスを感じる、呪いのような言葉は封印し、自由になるべきなのだ。辞書にも明記してしまえばいい。

本来「シミュレーション」と発音するのが正しいのだが、使用者の健康を害する可能性が高いため、「シュミレーション」と発音する。

という一文を。

おめでとう。

ここまでたどり着いた時点で、あなたは解放されたのだ。

堂々と「シュミレーション」と言えるようになったのだから。

それでもこの先、「シミュレーション」にこだわり、戦い続けようとする者にも出会うだろう。

そのときは、

「もう苦しまなくていい。何も怯えなくていい。もう終わったんだ……」

そう言って、毛布をかけてあげてほしい。

「目尻」という表現はひどすぎやしないか

目の外側の端を指して「目尻《めじり》」という。

これは決して、笑うなどしてしわができた様子がお尻っぽいからではないらしい。

始まりを「頭」、終わりを「尻」と呼ぶのは、何も「目」に限ったことではない。

しかし、身体の部位を表現するのに、身体の部位を用いるのはいかがなものか。

「目尻」などと言われた目の立場からすれば、自分が目なのかお尻なのかわからなくなり、己の存在自体を見失ってしまうだろう。

聞き手の立場からしてみても、「目尻」という言葉は「目みたいな尻」という解釈もできてしまう。

リスみたいなサルを意味する「リスザル」など、このパターンの言葉は無数に存在する。

一度「目みたいな尻」と解釈してしまえば、我々はおぞましい想像に脳内を支配され、いずれは精神に異常をきたしてしまうだろう。

そうさせないためにも、「目尻」などという言葉を許してはならないのだ。

しかし、いまや「目尻」という言葉は当然とされ、さらには「〜を尻目に」などという、「え？ 逆にも使っちゃうんだ」と度肝を抜かれるような言い回しさえまかり通る始末だ。

「目尻」「尻目」「目尻」「尻目」——。

私の思考はラビリンスに迷い込んだ。

そこは、「目」と「尻」に埋め尽くされた迷宮だった。

ようやく抜け出すことができたのは、ひとまず「目尻」の問題に挑むべきだと、初心にかえったからだった。

目の外側の端が「目尻」と呼ばれるいっぽうで、目の内側の端は「目頭（めがしら）」と称される。

「目の頭」、つまり目の始まりの部分と言いたいのだろうが、これもまた理不尽な表現である。

目とは、頭についているパーツなのである。

それなのに「目の頭」と言われたら、そこにも目があるはずだから、その目にも「目頭」が存在することになるのである。

まるで合わせ鏡のように、目頭は延々と連なっていく。

だが、別の捉え方をしたとき、「目頭」はそれほど不幸でないことがわかる。

「目たちの親玉」「目界のドン」と解釈することができるからだ。

その点「目尻」には、良いほうに解釈する余地がない。

したがって、やはり「目尻」のほうが不幸であることは間違いないのだ。

一つ例を挙げよう。

地球の両端は、それぞれ「北極」、「南極」と呼ばれている。

どちらでも構わないのだが、ひとまず、北極を「地球頭（ちきゅうがしら）」、南極を「地球尻（ちきゅうじり）」と仮定しよう。

調査隊の過酷さはほとんど同じだというのに、地球尻での任務のほうが楽そうに感じられるはずだ。

家族に告げるときも、

「父さん、地球尻の配属になったんだ」

と言ったのでは、妻も子も誇りに思ってくれないどころか、深刻さを感じてくれさえしないだろう。下手をすればその事実を隠すかもしれない。

ここまで話せば、頭と尻が公平でないことは充分にご理解いただけただろう。

私がすべきは、このかわいそうな「目尻」に、新たな呼び名を与えてやることだ。

北極のように「極」が端を意味するのなら、目の端は「眼極（がんきょく）」と表現できるはずだ。

しかしこれではどちら側の「眼極」なのかが判然としない。

答えは出た。

内側の端、つまりいままで「目頭」と呼ばれていた箇所を「内眼極」、外側の端、つまりいままで「目尻」と呼ばれていた箇所を「外眼極」と呼べばいいのではないか。

この結論に至ったとき、私は大いに喜び、そして自分の挑戦を誇りに思った。

これなら本当にそう呼ばれる日がくるかもしれない！

今回は本当に、憐《あわ》れな存在を救えたのかもしれない！

友人に電話して教えてあげようか！

しかし、現実は厳しかった。

念のためと思い、私は「目尻　正式名称」で検索をかけてみた。

「外眼角《がいがんかく》」と記されていた。

ちなみに目頭は「内眼角」というらしかった。

私は絶望の穴の中に放り込まれた。
きちんとした呼び名は、すでにあったのだ。
どうやら私は解決済みの問題に、長い歳月を費やしてきたようだ……。
こうなったら意地でも、もっといい呼び名を考えてやる。
イーストエンド。
違う！
ウエストエンド。
違う！
ジ・アウトサイド。
違う！
ティアー・マズル　～涙の銃口～
あ、いいかもしれない。内眼角のほうは、
ティアー・マガジン　～涙の弾倉～
にしてみるか。
いやでも涙が端からこぼれるとは限らないか。
気持ちが少し前向きになってきたとき、私は恐ろしいことに気づいてしまった。
尻の端は、「尻尻（しりじり）」ということになるのか……？

反対側の端は、「尻頭（しりがしら）」……？
お尻の親分、尻界のドン……。
頭のてっぺんは「頭頭（あたまがしら）」なのか？
ふたたび迷宮の入り口が見えてしまった。
尻って何だ？　頭って何だ？
尻、頭、尻――。
う、う、う、
うわあああああああ――――――――――！

……シリ　アタマ　シリ　ハハハハハ　オカシイナ　ハハハハハ

「のどちんこ」に告ぐ。「のど」さえつければ何を言ってもいいのか？

セクハラや不謹慎な発言に対して極めて厳しいこの時代に、見事なまでに非難を浴びていない言葉がある。

「のどちんこ」である。

読んで字のごとく、「のど」にある「ち○こ」みたいなやつという意味だ。

正式には「口蓋垂《こうがいすい》」と呼称するらしいが、そう言ったところで「え？　何それ」と返されてしまい、けっきょくは「のどちんこのことだよ」と言い直す羽目になるだろう。

ならばやはり、あれはもう「のどちんこ」以外の何物でもないのだ。

仮に公然の場で「ち○こ」と言い放ったとしよう。

間違いなく、周囲の人々に白い目で見られるだろう。特に女性は嫌悪感や不快感をおぼえ、最悪の場合、警察を呼ばれてしまうかもしれない。

だが、「のどちんこ」と公然の場で言ったとしても、スルーされるのだ。

「のど仏」や「のどごし」、「のど自慢」などと同じように、ただの言葉として受け取られることになる。

しかしいま一度考えてみてほしい。

明確に、「ち○こ」と言っているのだということを。

洗脳は解けただろうか?

「のど」をつけたからといって、「ち○こ」は「ち○こ」なのだ。

我々はいまを生きる現代人として、決してこんなことを許してはならないのだ。

そもそもあれは、そんなに「ち○こ」に似ているだろうか。

先入観を捨てて注視してみれば、さほど似てはいないことに気づくはずだ。

一足早く洗脳が解けていた私は、もっと似ているものがあるという事実にたどり着いていた。

そう。鍾乳洞《しょうにゅうどう》である。

この言葉の要素から新たな名前をつけるのだとしたら、

「のど乳洞」

とするのが自然だろう。なんだか語呂もいい。

しかし、致命的な問題が生じていることに、私は気づいてしまった。

鍾乳洞とは、あの空洞そのものを指す言葉であるし、何より「乳」という別のハレンチワードが飛び込んできてしまっているのだ。

これでは元の木阿弥《もくあみ》である。

いっそのこと「のどつらら」とする手もあるにはあるが、「つらら」は先端が尖《とが》っている印象が強いため、思うように浸透していかないだろう。

悔しいが、手詰まりか……。

おっと、ペンを落としてしまった。

よいしょっと。

失礼、レポートの続きを書こう。

新たなネーミングを考えなくてはならな——いや待て、いま私は、あれにとても似ているものを見た気がする。

！

足の小指だ！

造形もそっくりだし、サイズ的にも近い。

まさかペンを落としたことで発見できるとは運がいい！

「のど足の小指」

これでどうだろう。

いや、「ノドアシノコユビ」と読んでみると、なんだか昔の人の名前のように感じられる。

どうしても、中臣鎌足（ナカトミノカマタリ）や、竹取の翁（タケトリノオキナ）などが浮かんでしまう。

せっかくの幸運だったが、私を答えまで導いてはくれなかったようだ。八方塞がりとなってしまった。

こうなった以上、ひとまずあれの名前は、「ぶらさがりモンキー」としておこう。

ところでこの世の中には、完全に「ち○こ」と言っているのに下ネタとして受け取られない「のどちんこ」とは、正反対の扱いを受けている、つまり損をしているものが存在する。

決してそういう意味ではないのに、変な目で見られ続けてきた「チンアナゴ」の無念を、我々は忘れてはならない。

擬態生物をアップで撮るのはひどすぎやしないか

この地球上には、さまざまな擬態生物が存在する。木の枝や葉や、海中の砂や岩など――自然物と自らの姿を一体化させることにより、外敵から己の身を守ったり、あるいは捕食対象を油断させているのだ。何千年、何万年という時の中で、少しずつ、ほんの少しずつ変化していき、ようやくその能力を獲得したのだろう。

これと決めた植物に近づくために一生を捧げ、しかしとうとう願いは叶わず、それをつぎの代に託し、託された者は実直にそれを自らの願いとし、ただひたすらに植物に近づこうとした。そうやって願いをつなげ、気が遠くなるような時間をかけて、彼らはそこにたどり着いたのだ。

ぐずぐずしているあいだに、植物のほうが変わってしまったらどうしようという不安もあったことだろう。

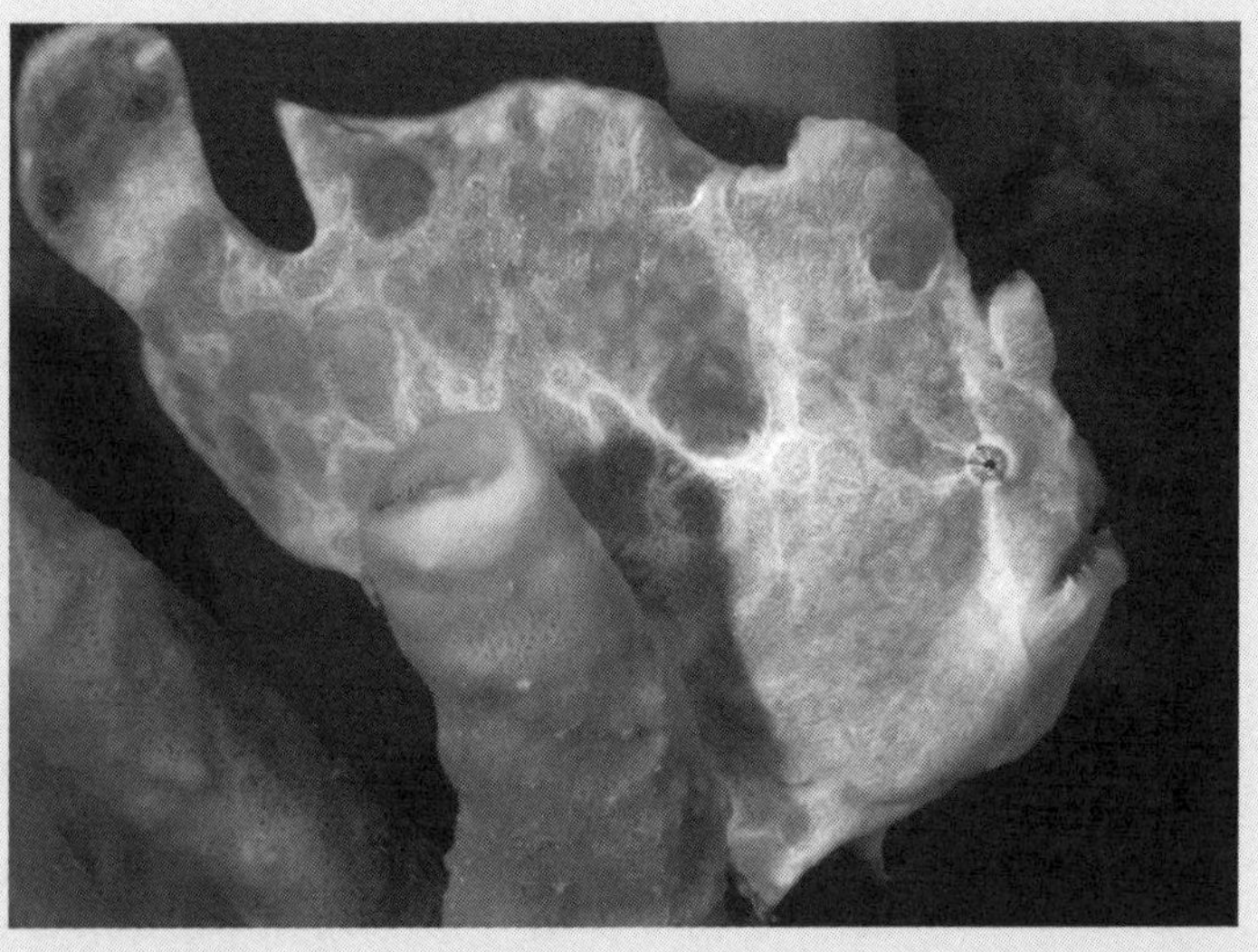

別の植物に取りついたら、かえって目立ってしまうというリスクにも怯えていただろう。そんな擬態生物をアップで撮影するということは、彼らの苦労を、進化の物語を、一撃で粉砕する行為なのだ。

「ここですね」と赤丸で囲われ、居場所を看破されているとき、彼らはどんな気持ちでいるだろうか。テレビでそういった様を観るたび、私は胸が張り裂けそうになる。

珊瑚と同化した写真のこの魚が、絶望の表情を浮かべているのはおわかりだろう。

種が何千年と積み重ねてきた努力を、看破されるわけがないという自信を、たった一回のシャッターに打ち砕

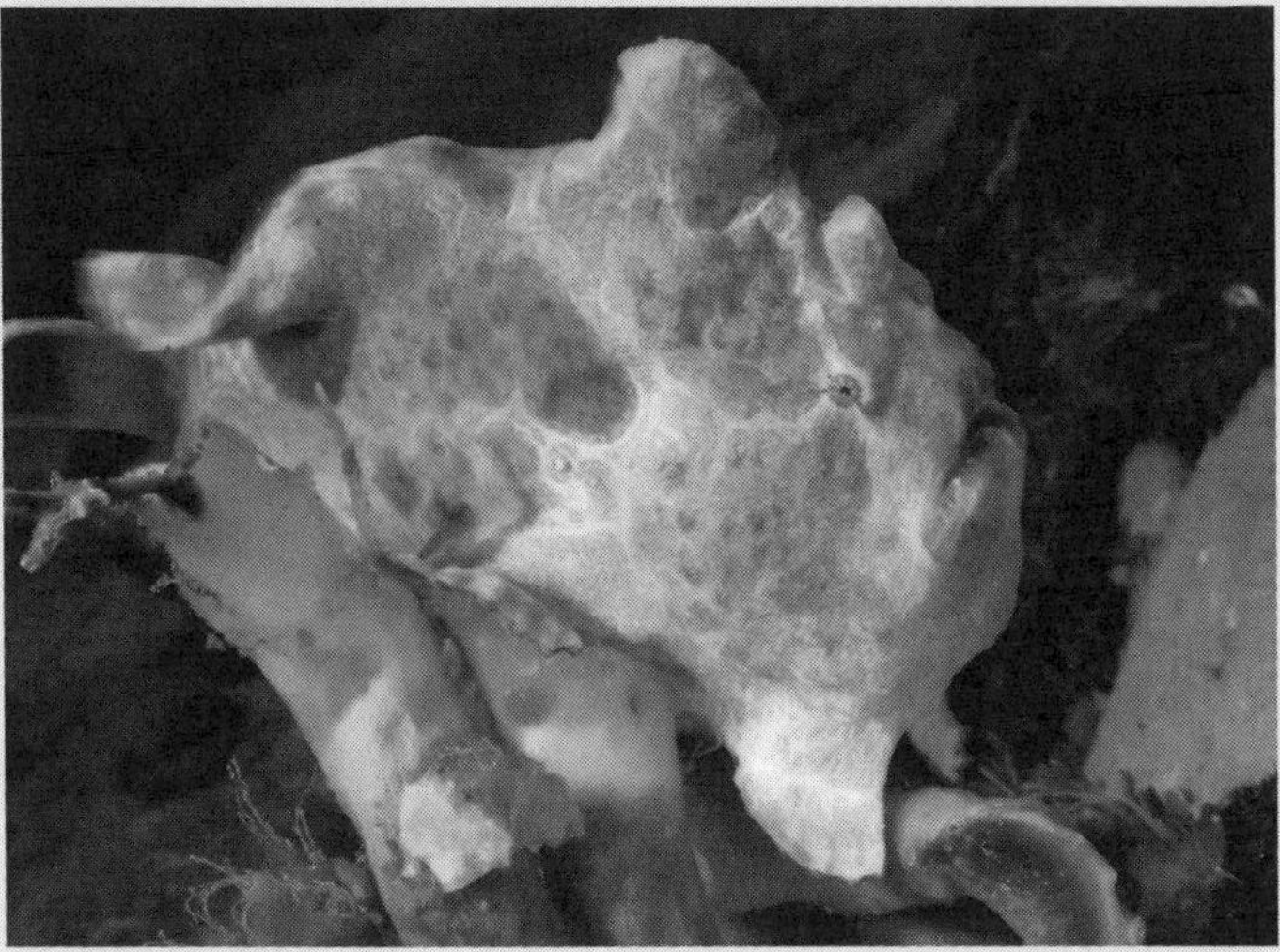

かれたのだから当然だ。しかし――。

「バレてなんかいない。撮られてなんかいない」

散っていった先祖のためにも、彼は認めるわけにはいかないのだ。頑としてカメラを見ないのは、最後の意地に違いない。

悔しさのあまり喉が裂け、襟みたいになってしまっているのが写真で確認できる。

人類は優れた生物である。だからこそ擬態を見破ることができるのだ。しかし本当にそれは、正しいことなのだろうか。

人類は今日まで、擬態生物を見破ってばかりだった。できるからといってやっていたのだ。

だが忘れてはならない。我々は、騙されたふりだってできるのだ。枝に擬態していることに気づいていても枝として、珊瑚に擬態していることに気づいても珊瑚として接することができるはずだ。

腰を抜かして驚いてやるのもいいだろう。

これから先、擬態生物たちが馬鹿馬鹿しくなって擬態をやめてしまうかどうかは、我々がどちらの姿勢で彼らと向き合うかにかかっているのではないだろうか。

洗濯後、靴下の片一方が行方不明になる謎がついに解けた

洗濯物を畳んでいるとき、靴下の片一方がなくなっているのに気づくことがある。

たいてい洗濯機のタンブラーの中に、隠れるようにして残っている。

そうでなければTシャツなどの衣類の中に、これまた隠れるように潜んでいる。

また、靴下を保管場所に入れようと引き出しを戻したとき、靴下は高確率で挟まる。おそらく70%は超えているのではないだろうか。

これらの現象は、どれも偶然とは言いがたい頻度で起こっている。

この問題について頭を悩ませ続けた結果、私はある仮説に行き着いた。

靴下は、意思を持っているのではないか。

この仮説を証明するために、私は自分の靴下をつまみ上げ、訊ねてみた。

「きみは、意思を持っているのか?」と。

しかし、何度繰り返しても返答はなかった。

今度は引き出しを開け、全靴下に訊ねた。

「きみたちは、意思を持っているのか?」と。

このときもまた、どの靴下からも返答はなかった。

もしかしたら、訊くほうの態度として失格だと捉えられてしまったのかもしれない。確かに私は、彼らを見下ろしていたし、精神的にも同じ目線に立っているとは言えない。

そう考えた私は、靴下の引き出しに頭を突っ込み、やさしく語りかけた。

「きみたちに危害を加えるつもりはない。大丈夫。私はただ、きみたちのことを知りたいだけなんだ」

返答はなかった。

しかし私は諦めず、言葉をかけ続けた。

そして三日が経った夜、ようやく警戒心が解けたのか、一つの靴下がとうとう心をひらいてくれた。

靴下は、一生のほとんどの時間を、暗い引き出しの中で過ごす。

運よく持ち主に選ばれて外に出ても、すぐに靴の中に閉じ込められてしまう。

持ち主の足の汗を吸い取りながら、一日中暗闇の中で過ごすのだ。そこがほかの衣類と大きく違うのだと彼は説明した。

そんな靴下にとって、洗濯機の中は楽園なのだという。

たくさんの衣類と話し、踊り、楽しくて仕方がないひと時なのである。

しかし乾燥まで終わったとき、恐怖に襲われる。

また、引き出しに戻されてしまう――。

運悪く奥のほうに仕舞われれば、持ち主が引っ越しをするまで出られない可能性だって大いにある。

隠れるんだ！

このままここにいれば、すぐつぎのパーティーに参加できる。

そういった想いから、彼らはタンブラー内に身を隠していたのだ。

我々がよく目にする、タンブラー内に残った靴下の片一方は、一度目の「回収」をやり過ごした者だったというわけだ。

しかしその成功率が極めて低いことも、彼らは知っている。

隠れ場所の少ないタンブラー内では見つかってしまう危険性が高いのは当然だ。

そこで、ズボンやトレーナーなど、別の衣類に潜むことを選ぶ場合もあるのだそうだ。

せめて違う衣類の引き出しに、亡命しようというわけだ。

当分、衣類パーティーには参加できなくなるものの、成功率は上がるし、持ち主がその服を畳む際に落下さえせずに済めば、その服を着るときまでは匿《かくま》ってもらえる。

服の中に入り込んでいる靴下は、そう考えた者だったのだ。

いずれにしても彼らは、いつか引き出しに仕舞われる。その際、まだ外にいたいという気持ちが働き、何人かが最後の抵抗に出る。

その結果、挟まるのだ。

所定の引き出しに戻っても、そこには仲間たちがいる。

しかしみな靴の中の記憶がほとんどなので、外の世界の情報交換をすることはできず、その事実を再認識するのが虚しくなるため、いつからか会話はなくなったのだという。

彼は「靴下にご飯粒がくっつく現象」についても教えてくれた。

あれはご飯粒が靴下に貼りついてきているわけではなく、靴下が摑んで連れてきているらしい。

持ち主に、確実に洗ってもらえるように。

明らかな汚れがない場合、持ち主に「もう一回履いちゃえ」の精神が生じてしまう危険性があり、そうなれば衣類パーティーへの参加が先送りになってしまう。

そういった理由から、彼らはご飯粒に接触したら放さないのだ。

知らぬ間に、私は泣いていた。

引き出しから頭を抜き、彼らに礼を言い、詫《わ》び、そして、全員を引き出しから解放してやった。

さらに、彼らが訪れたことのない場所——寝室のベッドの上に案内した。

「ありがとう」

「ありがとう」

「ありがとう」

いくつもの声が重なり合って、やさしく私を包んだ。

どうやら、贖罪《しょくざい》は済んだらしい。

涙を拭うため、私はタオルの入っている引き出しを開けた。

「私たちがハンガーからちょくちょく落っこちる理由も聞いてくれませんか?」

意思を持っているのは、靴下だけではないようだ。

魔除けの効果

「今度富士の樹海に行くんだけど、板倉興味ない？」

劇場の喫煙スペースで、先輩である芦澤《あしざわ》さんが訊いてきた。

「え、ちょうど僕行きたかったんですよ！」

僕は興奮して答えた。

無意識に声が大きくなってしまったのには訳がある。

当時、『蟻地獄』の構想を練っている段階にあり、樹海をこの目で見てみたかったのだ。しかし一人で行く勇気が持てず、どうしようかと考えていたところに、まさかの誘いを受けたからだった。

「よかった。この前〈はりけ〜んず〉の新井さんと、一回も行ったことないなって話になって、ほかに誰かいないか探してたんだ。板倉いつ空いてる？」

僕は興奮しながらその日を答えた。

樹海には、僕の車で行くことになった。コミック版『トリガー』の1巻に登場する、シャコタンのシーマである。

当日、劇場の駐車場にシーマを停め、僕は一度車を降りた。

「おう、竹ちゃん」

同期の芸人である竹永くんが、すでに待っていた。樹海に行く日にちが決まってから、僕が声をかけたのだった。

「いや〜、どうも〜！」

いつもどおり妙なテンションで言いながら、竹ちゃんは近づいてくる。季節が何であれ、彼は半ズボンだ。

「腹減ってんだけど、先輩たち来るかもしれないから頼んでいい？」

「OKでしょ！」

竹ちゃんが快諾してくれたので、代金を渡し、マクドナルドで食料を適当に買ってくるようお願いした。

先輩二人がやってくるより前に、竹ちゃんは戻ってきた。

いい匂いが漏れ出している袋を開け、僕はチーズバーガーやポテトを急いで食べ始めた。運転しながら食べるのが得意ではないからだ。

まもなく先輩二人が到着し、竹ちゃんも加わったことを伝えた。

4人でシーマに乗り込み、まずは首都高の乗り口を目指す。

マクドナルドの食料は先輩たちのぶんもあったのだが、二人ともそれほど空腹ではなかったらしく、僕の後ろに座っている竹ちゃんが、いい匂いのする袋を膝に載せていた。

「いやあ、楽しみですね」

一人では怖くて行けなかったが、これだけの人数ならピクニック気分だ。気が大きくなっているせいで、僕の想像する樹海は、スイスとかの美しい森になっていた。

「ほんまや。どんなとこやろ。楽しみや」

後部座席から新井さんが応えた。

中央道をしばらく走り、富士山が大きく見えてきたあたりで、不意に芦澤さんがカバンを開けた。

「これ、いちおう渡しとくわ」

助手席から差し出されたのは、白い小さな包みだった。

「え、何ですか、これ」

僕はハンドルから片手を放し、それを受け取る。

「清めの塩。まあ、気休めだけど」

芦澤さんは答えると、もう一つの包みを取り出し、身をよじって後ろを向く。

「新井さんも、これ」

「おう」

新井さんも受け取ったようだ。

ふたたび前を向いた芦澤さんが言う。

「ごめんな、竹ちゃん。3人だと思ってたから、竹ちゃんのぶん用意してなくて」

「いや、全然大丈夫です！」

竹ちゃんは陽気に応えた。

「まあ、気休めですしね」

僕は笑って言った。

「そうそう」

二人の先輩も同意する。

白状すると、清めの塩を受け取った僕は、すこぶるビビっていた。清めの塩なんて出されなければ、いまもピクニック気分でいられたことだろう。

しかし、僕の頭の中に浮かぶ樹海は、もはやダークカラーで描かれた魔界となっていた。そして、ビビッているのは僕だけではないことを、車内の沈黙が物語っていた。富岳風穴《ふがくふうけつ》の駐車場にシーマを停め、僕たちはいよいよ樹海に足を踏み入れた。すぐ入り口には看板が立っていて、自殺を思いとどまるよう訴えかけるメッセージが書かれている。

寒気がしたが笑い飛ばし、奥へと歩いていく。まだ陽は落ちていないというのに、あたりは薄暗かった。遭難防止目的で使われたらしいナイロンテープが何本も、折れ線を描きながら前方に延びている。

国道を走る車の排気音が聞こえなくなった頃、木の枝にかかったバッグを見つけた。薄汚れた、ルイ・ヴィトンのハンドバッグだった。

これはヤバい――。

僕は直感した。

この近くで、命に関わる何かが起きたに違いない！

3人に事態を告げ、しばらくみなで考察したが、何も解決しなかった。

薄暗い森の中を、僕たちはさらに進んでいく。

僕の胸は恐怖でいっぱいだった。

不意に前を行く芦澤さんが、懐から何かを取り出した。

清めの塩だ、と僕はすぐに気づいた。

そうだ！　あれがあったじゃないか！

僕もポケットから白い包みを取り出し、握り締めた。これで霊的な攻撃は無効化できるはずだ。横を見ると、新井さんも包みを手にしていた。

みな恐怖が限界に達しているのだ。

そういえば、竹ちゃんはどうしているのだろう？　彼は清めの塩を渡されていないはずだ。

振り返ると、竹ちゃんは胸のあたりにマックフライポテトを持って歩いていた。赤の中に描かれた黄色のMの字が、彼のエンブレムのようだった。

確かに、塩けは充分にある。

僕は竹ちゃんの機転の利き具合に関心し、心配するのをやめた。

日が暮れる前に、僕たちは駐車場に戻った。全員無事に帰還することができたのだ。

その後何か月経っても、誰の身にも不吉な出来事や怪奇現象は起こらなかった。

これはつまり、マックフライポテトの塩けでも、霊的な攻撃から身を守れることの証明といえるのではないだろうか。

自分以外いないはずの車内で……

これは僕が実際に体験した、恐怖の記録である。

晴れた冬の日、愛車のハイエースに乗って秩父の美《み》の山《やま》公園に向かった。

そこにある展望台にＧｏＰｒｏを仕掛け、夕暮れの様子から夜景に変わるタイムラプス映像を撮影するためだった。

寒さに凍えながら、景色を観に来た人たちに頭を下げながら、僕はひたすら待ち続けた。

苦労の甲斐あって、満足のいく映像が撮れた。

ライトで足下を照らしながら車に戻り、帰路に就くことにした。

誰もいない山道を、ハイエースは緩やかな速度で下っていく。

前方の様子は、ヘッドライトが照らしている範囲しか見えず、日が出ていたときに通ったのと同じ道とは思えなかった。

不気味だな、と思ったとたん、胸の中に不安感が広がっていった。

そして――。

ピー、ピー、ピー、ピー。

シートベルト未着用を報せる警告音が鳴った。

おかしい。確かに自分はシートベルトを締めたはずだし、右の腰あたりにその感触もある。

念のため、片手で触れてみる。やはり自分の胸には斜めにベルトが走っている。

悪寒が背筋を這《は》い上った。

なぜ、警告音が鳴っているのだ……？

後部座席の人がシートベルトをしていなくても、警告音は鳴らないはずだ。つまりいま、助手席に何かがいる。少なくとも、車はそう判断しているということになる。

一瞬にして恐怖に駆られた僕は、助手席を見ることができなかった。

しかし、このままハイエースを走らせ続けることもできない。

ちょうど車がすれ違うための停車スペースがあったので、そこに車を入れて、ブレーキペダルを踏んだ。

警告音はまだ鳴り続けている。

恐る恐る、左に視線を送っていく。

視界に映る範囲には、何も異常はない。

警告音は鳴り続けている。

心臓は、それをはるかに超えるペースで鼓動している。

勇気を出せ！　確かめるんだ！　この問題を解決しなければ、家に帰れないだろうが！

僕は自分に活を入れ、左拳を握り締めた。

俺は、お前なんて恐れてないからな！

心中でそう叫びながら、僕は左腕を助手席目がけて振った。

冷たい何かに触れる、あるいは見えない何かに左腕を掴まれるなど、恐ろしい目に遭う覚悟もしていた。

しかし、僕の左腕が触ったのは、助手席のヘッドレストだった。

そして――。

シュルシュルシュル――。

僕がしていたはずのシートベルトが、勝手に外れていった。

？


しばし呆然としたが、やがて事態を呑み込むことができた。

どうやら、僕がしていたシートベルトのバックルが、きちんとはまり切っていなかったようだ。勢いよく身をよじった拍子に、それが外れたのだ。

車は、その状況を検知していただけのことだったらしい。

安堵した僕は長い息を吐き出し、バックルを「カチャ」と音がするまで差し込んだ。

ふたたび車を発進させたときには、安堵感は恥ずかしさに総取り換えされていた。

僕は幽霊が存在することを願った。

せめてあの一人ドタバタ劇を観て、笑ってくれる誰かを求めていたのだ。

倒れた猿

ある秋の日、僕はハイエースを運転して、オートキャンプ場に向かっていた。

高速道路を降りて、現地のスーパーで買い出しをしたあと、のどかな田舎道を走る。

景色のいい場所に行って車中泊をするのが、近ごろの楽しみとなっていた。

よく晴れた日で、空は青く、日光を受けた山は鮮やかな緑色をしている。その緑を分断するように延びる灰色の上を、心地いい速度で進んでいく。

信号機もほとんど見なくなり、田舎の風景に癒やされた僕は、すでに「来てよかった」と感じていた。

それを見たのは、小さな橋に差しかかったときだった。

橋の車道の端に、猿が倒れているのだ。

そのすぐそばには仲間の猿が一匹、呆然と立ち尽くしている。車に轢《ひ》かれてしまったのに違いなかった。

反射的に車を減速させていた僕は、二匹の猿から引き剝《は》がした視線を前方に移した。反対車線に停まっているライダーが目に留まる。彼はバイクに跨ったまま、倒れた猿を見つめながら、携帯電話らしきものを取り出している。どうやら、しかるべきところに連絡をしてくれるところらしい。

軽いパニックになっている自分とは違い、ああも冷静に対処できるなんて、同じ目撃者として頭が下がる。

僕は落ちていた速度を戻し、車を進めた。

眼前には依然としてのどかな田舎風景が広がっているが、旅行気分は消し飛んでいた。

傍らにいた猿は、倒れた猿の家族だったのだろうか。友達だったのだろうか。

起きたことを理解できているのだろうか。

人間を恨んでいるのだろうか。

生きるとは奪うことだと、何かの作品で読んだことがある。

ならば、あの猿に情を移した自分のような、奪う覚悟なき者に、生きる資格はないのだろうか。

それとも、やはり人間は、地球に存在するべきではないのか。

あの猿を轢いたのが、地元の車だったのか、旅行者の車だったのかはわからない。しかし少なくとも、自分のような旅行者が減れば、ああいった哀しい出来事も減るはずだ。

空模様とは対照的な、どんよりとした気持ちを抱えたまま、僕はハイエースを走らせた。

目的地に到着して、眺望のいい場所に車を停めた。

椅子やテーブル、カセットコンロをリアハッチから降ろし、その場で一夜を明かす準備を始めた。

興奮から、小難しいことはすっかり考えなくなっていた。

外で昼食をとり、景色を眺め、現地の温泉に入り、外で夕食をとり、車内で寝る。

旅行というよりも、冒険ごっこをしているみたいで楽しかった。

翌朝、後片づけが落ち着いた頃、オーナーさんがやってきたのでお話しさせてもらった。僕よりずいぶん年上で、僕よりずいぶん背の高い男性だ。

土日は混むことや区画を増やす計画を聞いたり、次回はあの区画に泊まってみたいと言ったりした。そして——。

「じつはここに来る途中に――」

なかば無意識に、僕はあの猿のことを話していた。

オーナーさんも、心を傷めてしまうかもしれないのに。

胸に抱えた罪悪感に似た想いを、何割か肩代わりさせるだけになってしまうかもしれないのに。

「――僕は、どうすればよかったのか……」

それまで穏やかだったオーナーさんが、急に大きな声を出した。

「なんだあ！　それ持ってきたら１２０００円もらえたのにぃ！」

え――――！

と僕は心の中で叫んだ。

「いやあ、もったいないなあ」

オーナーさんの口調からは、猿への同情などはいっさい感じ取れない。

「それはもったいないことをしましたよ」

「……どういうことです？」

混乱しながら訊ねると、オーナーさんは説明してくれた。

この地域では、猿は害獣指定されており、駆除した証拠を提出すれば、自治体から報酬をもらえるのだという。

　猿だけでなく、猪や鹿や――。

「ハクビシンだっていいんですよ。あ、見てください」

　オーナーさんは自慢げに、スマートフォンの画面を僕に見せる。

「昨日私が仕掛けた罠にかかってたんですけどね」

　画面には地面に横たわった猿が映っている。

「ああ、すごい……」

「これも以前捕まえたやつです」

　オーナーさんは画面をスワイプし、次々と倒れた猿を表示させていく。

　その様はビックリマンシールのコレクションを自慢する少年のようだった。

「す、すごいですね」

　あの猿をかわいそうだと思ったことがバレたら叱られる可能性まであると思い、僕は自分のスタンスを急変させた。

「じゃあ、一日二匹でも捕まえたら生活できちゃいますね！」

「一匹で充分ですよ！」

「あ、確かにそうですね。ははは！」

空笑いしながら、僕は自分の甘さを痛感した。

田舎で暮らす人々は、日々自然と戦っているのだ。

一生懸命に育てた作物を食い荒らされ、子供が襲われてしまわないか心配し、そういった実害を受けている人々にとって、野生動物は敵でしかないのだろう。

僕は、あの猿を見てかわいそうだと思った。動物を駆除することによって報酬が得られるというシステムにカルチャーショックを受けた。

だが彼らにしてみれば、そんなものは自然の残酷さと向き合いもせずに暮らす、都会の利便性に毒された人間の戯《ざ》れ言《ごと》にすぎないのかもしれない。

考えてみれば、筋が通っていなかったのだ。

狩りをするでもなく肉を喰い、農業をするでもなく米や野菜を喰っている自分のような人間が、食料となったり、農業の邪魔をする野生動物の死骸を見て憐れむなんて。

これでは善人面をしたいだけの、現実を見ていない甘ちゃんだと非難されても文句は言えない。

「じゃあ、私は作業に戻ります」

オーナーさんはエネルギッシュな笑顔で言うと、その場を離れていく。

「お世話になりました。また平日を狙って来させてもらいます」

「ええ。では運転、お気をつけて」

車を発進させると、整地作業をしていたオーナーさんが手を止めて、深々と頭を下げていた。

昨日通った道を戻っていくと、あの橋が見えた。

倒れた猿と立ち尽くす猿。

彼らはもういなくなっていたが、その姿は僕の頭の中に鮮明に残っていた。

――憐れんではいけない。

もし憐れんだ場合、自分は善人面をした甘ちゃんだということになってしまう。

……しかし、やはりどうしても、残された猿の気持ちを考えてしまうのだった。

いったい、どう感じるのが正しいのだろう。

このままでは自分の中で悩みといえるレベルの問題となってしまいそうだったので、僕は暫定的な答えを出した。

自分が甘ちゃんだということを受け容れた上で、憐れもう。

ひとまずは、そういうことにしておこう。

ルームミラーに映る橋は、ずいぶん後ろに遠ざかっていた。

悲しい勝利

これは面白い！

海外のサバイバルゲーム動画を、僕は興奮しながら観ていた。

スマートフォンの画面の中では、すらりとした体格の白人青年が、塗装したスナイパーライフルで、次々と敵を倒している。映画で観るようなスコープ映像も多用されており、ＢＢ弾がターゲットに着弾する様子が鮮明に映っていた。

サバイバルゲームの模様をこれほどまでの臨場感で動画にできるものなのかと、僕は衝撃を受けた。

さらに彼の動画はどれも数百万再生もされており、その人気ぶりが窺えた。

自分も、やってみよう。

僕は長年サバゲーマーだったが、完全に趣味でやってきただけで、それが巨万の富を生み出す可能性を秘めているものだなどとはまるで思っていなかった。しかし、この確固たる成功例を目の当たりにしたいま、動かないわけにはいかないのだった。

サバイバルゲームに使う道具はすでに揃っているので、撮影機材を調達することにした。家電量販店に行き、店員さんにいろいろと話を聞きながら、当時最新だったGoPro6と、Panasonicのビデオカメラを購入した。

GoProは頭につけて視点カメラとして使い、ビデオカメラはライフルに搭載してスコープ映像を撮るのに使う。自分や自分の背後の映像は、すでに所有していたCONTOURという小型のものをサプレッサーにマウントして撮るつもりだ。

さっそくサバイバルゲームに行き、プレイ動画を収録した。カメラの使い方に大きなミスもなく、戦績もまずまずだったので、撮れ高は充分だった。

帰宅して、すべてのデータをチェックした。どれもよく撮れていて、特にスコープ映像には感動した。ターゲットにBB弾が当たる瞬間が、きちんと写っているのだ。

これは、とんでもないことになるぞ。

僕は動画の大ヒットを確信した。

YouTubeチャンネルをつくるにあたって、実名は伏せることにした。

動画がヒットし、大人気となったあとで、「じつはこれ、板倉だったらしいぞ!」

と騒ぎになるのがかっこいい。

熟考の末、「ARUKATI(アルカチ)」という名前で活動することにした。これは「ITAKURA(イタクラ)」を逆から読んだ文字列である。「TI」は「ティ」と読むのが普通だが、パソコンで打ち込む場合は「チ」と表示されるから問題はないだろう。

近い未来に、そのからくりに気づいた人たちの声が聞こえてくるようだった。

「うわ、これ反対から読むとイタクラになってるじゃん! 気づかなかった! してやられたわー」

「ほんとだ! すでに初回から、ヒントは出てたんだ!」

にやけが止まらなかった。

しかし、ここからがいばらの道だった。動画編集などやったことのない僕は、一から勉強しなければならなかった。しかも三台のカメラで撮った映像を同期させ、スイッチングしながら使う映像を決めていくという高度なスキルを必要とした。

編集スキルだけでなく、パソコンのスペックも足りなかった。僕が持っていたものでは、データをうまくドライブさせることさえできなかったのだ。

この編集作業に耐えうるスペックのパソコンが必要だった。調べたところ、その手のパソコンはとても高価だったが、未来の収益を考えれば大した痛手とは思わない。僕は迷わずハイスペックのパソコンを購入した。

作業は難航した。テレビマンやYouTuberはこんなに面倒なことを毎日のようにやっていたのかと、その大変さに気づかされた。

劇場に行けば劇場スタッフに、番組収録に行けばテレビスタッフに、編集についてわからないことを訊いた。

どんなに面倒でも、妥協はしなかった。これは、何百万人もの人々が観るものなのだ。

気が遠くなるような時間を費やし、ようやく一本目の動画が形になってきた。

そんなとき、所属事務所のYouTube担当者が、僕に会いにきた。劇場の出番終わりだったので、小さな楽屋で向かい合わせに座った。

「サバゲー動画ですけど、会社を通してやってほしいんです」

僕の動きを嗅ぎつけたらしく、男性社員はそう言った。「これはとんでもないことになる」と、僕自身が周囲に触れ回っていたのがよくなかったようだ。

「いや、嫌ですよ」

僕は即答した。

撮影から編集まですべて自分一人でやり、尚且《なおか》つ「インパルスの板倉」と名乗ることもないのだ。これで事務所に収益を差っ引かれる理由がわからない。

その気持ちを伝えると、彼はこう言った。

「お金とかではなく、板倉さんと一緒に、面白いコンテンツをつくりたいんです」

「は⁉」

反射的に口走っていた。

「これは俺が思いついて勝手にやろうとしてることだ。そっちが持ちかけてきた企画でもないのに、見え透いたことを抜かすなよ」

もしもこちらが何の行動も起こしていなかったら、何も言ってきてはいなかったはずだ。板倉と何かコンテンツをつくりたいなどとは、思いもしなかったに違いない。

「いやでも、板倉さんと一緒に、面白いコンテンツをつくりたいんです」

馬鹿の一つ覚えみたいに、彼は同じセリフを繰り返す。

「いや、だから――」

無理問答のようなやりとりが続いていき、やがて僕は相手の真意を察した。

この男は、〝特例〟を出したくないのだ。会社を通さずにYouTube活動をすることを認めてしまうと、社内での立場がまずくなるのだろう。

「ほかの芸人が後に続くことを恐れてるんだろうけど、その心配はいらないでしょう。俺は撮影から編集まで自分でやって、顔と名前すら伏せてやるんだ。今後、そんなことをしようとする奴が現れるはずがないよ」

僕は冷静に、相手に寄り添うように言った。君の立場もつらいだろうね、といった口調で。

「いやでも、板倉さんと一緒に、面白いコンテンツをつくりたいんです」

「もうお前気持ち悪ぃーよ！」

僕はキレてしまった。彼に対して、恐怖さえ感じていた。いや、心を占める感情の割合は、怒りや苛立ちを抑え、恐怖が一番大きかったようにも思う。

僕はパイプ椅子から腰を上げ、楽屋を出た。

エレベーターに乗り込んでも、彼の声が聞こえてきている気がした。

――いやでも、板倉さんと一緒に、面白いコンテンツをつくりたいんです――

帰宅した僕は、当時のチーフマネージャーに電話をかけ、〝彼〟とのやりとりを話した。

「板さんの言ってることが正しいと思います。僕からもちょっと話してみますね！」

チーフマネージャーは切れ者で、芸人の立場でものを考える、信頼できる男だった。

それからは、編集作業を進めようとしても、なんだか集中できなくなってしまった。こんなに一生懸命つくっても収益は事務所に持っていかれてしまうのだろうか……？

数日後、チーフマネージャーから電話がかかってきた。僕が予感していたとおり、「事務所を通さずに活動させることはできない」と言われたらしい。

「すいません、力及ばずで。この話はどうにか、撮影機材とパソコン代をYouTube部署から払ってもらうってことで、納得してもらえませんか？」

そんな代金なんて比較にならないほどの収益が生まれるというのに……。

もちろん納得などできなかったが、チーフマネージャーが全力で戦ってくれたことはわかった。彼はそういう男なのだ。「撮影、編集機材代を持つ」という譲歩案も、必死にもぎ取ってきてくれたのだろう。

それに、もしここで手打ちにしなかった場合、また奴が送り込まれてくるに違いない。

――いやでも、板倉さんと一緒に、面白いコンテンツをつくりたいんです――

「じゃあもう、それでいいよ……」

僕は疲れていた。もう奴に会いたくはなかった。

長い取り調べを受けた無実の人が、「自分がやりました」と言ってしまう気持ちがわかった気がした。

もう余計なことを考えるのはやめて、動画づくりに励んだ。

ついに記念すべき一本目の動画が完成し、アップロードした。

しかし、まったく伸びなかった。

焦った僕は、自分のツイッターにそのURLを貼りつけた上で、こう投稿した。

《僕のサバゲー仲間が動画を制作したらしいので、よかったら観てあげてください》

事務所を通したチャンネルにはなったものの、あとになって正体を明かし、板倉だったのか！　と話題になる未来は捨てていなかったのだ。

伸びなかった。

まだ一本目なのだからと自分を納得させ、二本、三本と上げていった。

伸びなかった。

壊滅的といっていい再生数だった。

作品数が十本を超えても、状況は厳しいままだった。

追い詰められた僕は、あるラジオ番組にゲスト出演した際、趣味を訊かれ、とうとう、サバゲー動画をつくることにハマっていると答えた。アルカチという名前でやっていることも話したし、それがイタクラの逆読みになっていることまで説明した。

これ板倉だったのか！　と騒ぎになる未来を捨てることにはなるが、このまま伸びないよりはマシだと考え、最終兵器の使用に踏み切ったのだ。これまでの苦労が水の泡となってしまうくらいなら、ダサくても構わないと。

伸びなかった。

もはや、打つ手はなかった。

ある夜、パソコンの画面に自分のチャンネルの収益を表示させ、僕はそれを見ながら、心の中で叫んだ。

「ははは！　ざまあ見ろ、YouTube部署め！　あんなふうに介入してきたから、カメラとパソコン代を払う羽目になったんだ！　あんなにしつこくしなければ、払わなくて済んだのにな！　いまの俺は、ただカメラとパソコンを買ってもらったラッキーな人になっている。なぜなら、収益なんてほぼ0だからだ！　ははは！　俺の勝ちだ！」

泣いたような気もするし、堪えたような気もする。

やっぱこうなるよな！

己の選択によってもたらされた不利益なら、許容することができる。しかしそれが、他人の意見に流された上での選択によるものだとしたら、やり場のない後悔を抱えることになる。

福岡での仕事を終え、飛行機に乗り込んだ。

着席して、左に首を回す。もう夜は遅く、目の前にある窓から外を眺めようとしても、見えるのはほとんど反射した機内の様子だった。

隣の席に僕より年上であろう中年男性が座った頃、眠気がやってきた。

しかし、眠ってしまうわけにはいかなかった。機内食が出ることを把握していたからだ。家に帰ってからすぐに眠れるよう、夕食をここで済ませてしまいたかった。

飛行機が離陸し、座席をリクライニングさせてもよいという旨のアナウンスが流れる。僕はそのとおりにして、目を閉じた。閉じてしまった。

眠気はみるみる増幅していき、やがて抵抗できないレベルに達した。機内食を逃すことになるぞと頭が忠告しても、身体は決して起きようとはしてくれなかった。

客室乗務員の声に、隣の人が応じる。まもなくテーブルが出される音がした。いい匂いがする。食器の鳴る音が聞こえる。起きなくては……。起きて……機内食を……食べ……る……ん……。

大きな揺れで目を醒ました。

すぐに流れたアナウンスによれば、気流が不安定な場所を飛行中だが、安全性に問題はないらしい。

横目で隣の席を見る。機内食はすでに食べ終わったらしく、テーブルも肘置きの中に収められている。

食器の鳴る音も聞こえない。もう誰も、食事をしてはいないようだ。

やってしまった！

機内食を逃してしまった。もう空港のレストランも閉まっているだろうから、家で何かをつくるしかない。ああ、面倒くさい。

「お客様、お食事をご用意いたしましょうか?」

客室乗務員のお姉さんが声をかけてきた。

「え?」

と思わず僕は洩らした。このひどい揺れの中、まさか食事ができるとは考えていなかったのだ。頭上の収納ボックスは絶えずカタカタと鳴っているし、ときおり身体が浮くような感覚をおぼえるほどだ。

「まだいけます?」

「はい。着陸態勢に入るまで、まだ30分ほどございますので」

相手は落ち着いた口調で答えた。

そういう問題なのか?

と率直に感じたが、プロが言っているのだから大丈夫なのだろう。

「……じゃあ、お願いします」

「かしこまりました」

僕は肘置きの下からテーブルを引き出し、膝の上にセットした。

料理はすぐに運ばれてきた。

トレーには、小ぶりの弁当箱がいくつかと、おしぼりや箸などが載っている。次いで手渡されたのは灼熱《しゃくねつ》の味噌汁だった。

それが隣の人の上を通過する際、とてつもない緊張感が走った。

なんとか水も受け取ると、客室乗務員は去っていった。

僕は直感した。

これは、無理だ。

この揺れの中で食事を強行して、無事に済むはずがない。だがもはや、後戻りはできない状況となっていた。

まず仕留めなければならないのは液体関係だった。水にも味噌汁にも蓋がついているとはいえ、もしも落下させれば、そんなものは簡単に吹っ飛んでしまうはずだ。

まず水を飲み干した。

残る液体は味噌汁だが、猫舌である自分には苦痛が伴うことが予想された。しかし、熱いからこそ、早く処理しなくてはならないのだ。こんなものを隣の人にぶちまけてしまったらシャレにならない。

熱さを堪えながら、急いですすっていく。

もっとだ、もっと早く！　上顎の皮なんてくれてやれ！

口内のピリピリ感と引き換えに、なんとか最大の敵を倒した。

残るは固体関係だが、予断は許さない状況だ。弁当箱も揺れているから、箸の狙いがうまく定まらない。

とにかく、こいつらがすっ飛んでいく前に、口の中に入れるんだ！

それはもはや食事と呼べる行為ではなく、ただ目の前のものを体内にしまっていく作業だった。

その作業を続けながら、僕は心の中で叫んだ。

やっぱこうなるよな！

そりゃそうだよ、こんだけ揺れてんだもん！

なんであのとき、自分を信じてやれなかったんだ……！

その想いは、ネタ見せの場で言われたことを取り入れ、滑ったときの感覚によく似ていた。

これを食べてこれ、ときたからこれ、といったように、計画を立てて食を進める余裕などなく、蓋を開けた中にあるものを平らげては閉めていくしかなかった。

ようやく炊き込みご飯に差しかかり、口の中に運んでいく。

本来ここで味噌汁を飲みたいタイミングだが、彼はもういない。

やっとの思いで、すべての箱を空にした。

水を飲みたいところだが、彼はもういない。

試練を乗り越えたことに安堵し、食器類を下げてもらおうと思ったとき、アナウンスが流れた。

『機長の指示により、客室乗務員も着席します――』

だからもう、サービスは行えないのだという。

馬鹿な！　このまま着陸まで耐えろというのか！

僕は軽くなった箱やコップたちを、テーブルに押さえつけているところだった。

試しに呼び出しボタンを押してみたが、誰も来てはくれなかった。

仕方なくそのまま両手で支え、ただひたすら羽田空港に到着するのを待った。このとき必死の思いで撮った写真は、ひどいブレ方をしている。

このまま耐えなくてはならないのかと嘆いていたが、甘かった。

『当機はまもなく着陸態勢に入ります。お使いになったテーブル、座席の背、フットレスト、レッグレストを元の位置にお戻しください』

従うことはできなかった。さすがにテーブルなしでは、弁当箱たちの暴動を封じることなどできない。向こうも鬼じゃない。特別に許してくれるだろう。しかし――。

『お食事中のお客様も、テーブルをお戻しください』

鬼だった。ほとんど名指しで、テーブルを格納するよう言ってきたのだ。

これは、俺一人が招いた事態か？

腑に落ちない気分だったが、揺れが小さくなる隙を見て、テーブルをしまった。

そこからはトレーごと膝の上に載せ、弁当箱たちを押しつけて、じっと耐え忍ぶしかなかった。江戸時代の拷問が脳裏によぎった。

着地の瞬間に起きる大きな衝撃に耐え、僕はとうとう苦行ともいえる任務を全うした。誰一人落下させることなく、全員を無事に送り届けたのだ。

脳内には、映画『アルマゲドン』のテーマソングが流れていた。

このとき僕が得た達成感は、機長と同等か、それ以上だったことだろう。


己の選択によってもたらされた不利益なら、許容することができる。

しかしそれが、他人の意見に流された上での選択によるものだとしたら、やり場のない後悔を抱えることになる。

これはきっと事実だ。

だが、その不利益と向き合い、窮地を乗り越えられたなら、後悔以上のものを得られることもあるようだ。

パニック・マンション

カマキリがコオロギを捕食する様を、僕は間近で見ていた。

僕に背中をつままれたカマキリは、大きな両の鎌でコオロギをがっちりと掴み、その腹部を貪《むさぼ》っている。

コオロギは、餌として僕が捕まえてきたやつだ。

小学三年生か四年生だった僕は、兄と、僕と同い年の双子と一緒に、家から少し自転車を走らせたところにある公園に来ていた。

公園は、錆《さ》びたブランコくらいしかない殺風景な場所で、端っこのほうは草がぼうぼうに生い茂っている。その草むらでは、面白いほどコオロギがとれるのだった。

僕たちはみな〝マイカマキリ〟を所有しており、毎日のようにこの公園に来ては、餌をやっていた。

捕食が終わったので、マイカマキリを虫かごに戻す。虫かごはプラスチック製で、透明な部分と黄緑色の蓋で構成された、ベーシックなタイプのものだ。蓋には無数の空気穴が空いていて、中央部分には透明の小窓がある。その小窓から、まだ外の世界に居座ろうとするカマキリを強引に押し入れた。

ある日、草むらにカマキリの卵を見つけた。茶色い泡が固まったようないびつな楕円形が、細い枝にくっついている。メスがオスを喰う様子は鮮明に憶えているから、誰かのマイカマキリが産んだものだったのかもしれない。

僕にはそれが、とても貴重な物であるように思え、持って帰ることにした。ちょうどカマキリ遊びに飽きてきた頃だったので、僕たちはそれぞれのマイカマキリを草むらに放した。

中身の入れ替わった虫かごを、住んでいたマンションの外廊下に置いた。外廊下には、玄関ドアの並びに風呂場の換気用の窓があり、窓は少し奥まったところにあるため、ちょっとしたものを置いておくスペースがあったのだ。棚みたいになっているここなら、邪魔になることもない。

やがて、僕は忘れた。そこに虫かごを置いたこと自体をも。

学校が休みの日の午前中、僕は友達と遊んでいた。団地に併設された公園で、アスレチックみたいに丸太とロープを使った遊具がたくさんあって面白い場所だった。

門のように組まれた丸太の横棒の上に、僕はいた。本来登ってはいけないところだが、高いところに行ければ行けるだけ、男としての価値も上がるものだと信じている時期だったのだ。

己の身軽さと恐怖心のなさを誇示して、僕はいい気になっていた。団地に住んでいる好きな子が通りかかってくれないかなとも思った。

落ちた。

弧を描く丸太の表面で、足を滑らせたのだ。僕はうつ伏せの体勢で地面に引き寄せられていき、やがて待ち構えていた切り株状の丸太に胸を強打した。これが漫画だったら、背中から衝撃波が出ているように描写していただろう。

息が詰まり、呼吸ができない。心配した友達が駆け寄ってきて、声をかけてくれているが返答できない。好きな子に見られなくてよかったと、安堵する余裕もない。

しばらくして、ようやく息ができるようになり、Tシャツをまくり上げてみた。胸に擦り傷ができていて、血が滲《にじ》んでいる。

早く帰って、母に薬を塗ってもらわなくては……。

友達に別れを告げて、僕は公園を後にした。

自転車を漕ぐことはできず、引いて歩いた。

「うう……」

胸はじんじんと痛んでいる。

ようやくマンションにたどり着き、エレベーターに乗り込んだ。

もうすぐだ。薬を塗ってもらえば、きっとすぐに治るはずだ。

ドアがひらき、エレベーターを降りた。

その瞬間、母のものらしき悲鳴が聞こえてきた。

苦痛を引き連れて部屋に近づいていき、ドアを開ける。

「俊之！　これどうにかしなさい！」

僕の姿を見るなり、母はヒステリックに叫んだ。

面喰らいながら足下を見る。無数の小さな粒のようなものが、そこらじゅうを動き回っている。

これは！　と僕は気づいた。

全長一センチにも満たない、小さなカマキリたちだった。

足下だけではない。外廊下の手摺り、子供部屋の窓——無数のミニカマキリたちは、僕の視界に映るあらゆる場所を、ちょこまかと歩き回っている。

あれが、ふ化したのか？

ようやく僕は、長らく放置していた虫かごの存在を思い出した。

風呂の窓に続く棚みたいな場所に手を伸ばし、虫かごを眼前に持ってきた。

中にはやはり大量のミニカマキリたちがいて、黄緑色をした蓋の空気穴から、次々と溢《あふ》れ出てきている。

ここまで生物が集合している状態を見たのは、シラス丼以外では初めてだった。

あとになって調べたところ、一個のカマキリの卵からは、百から三百のベビーカマキリが生まれるらしい。大の虫嫌いである母が、パニック状態になるのも無理はなかったのだ。

何も、今日じゃなくたって……。

僕は痛みを堪えながら、ベビーカマキリたちを虫かごに戻そうとした。地面から何匹かを両手ですくい上げて、潰してしまわないように閉じる。しかしベビーカマキリたちは、指の隙間を容易にすり抜けていくのだった。

無数のベビーカマキリたちに囲まれながら、僕もパニックになっていた。大量の脱獄囚をふたたび収監する方法は、何も浮かばない。

半狂乱となった母の悲鳴が、外廊下に響き渡っている。警察が来てしまうのではないかと思った。


胸の擦り傷に薬を塗ってもらったときには、事態は落ち着いていた。

良策を見つけたわけではない。単にベビーカマキリたちが散り散りになったことで、見つけづらくなっただけのことだ。

どこかへ歩き去ったやつもいただろうし、風に飛ばされたやつもいただろう。何とか収拾をつけようと動いていた僕に、踏み潰されてしまったやつもいたはずだ。

夜には風呂場で、翌朝には外廊下やエレベーターホールで、ベビーカマキリの死骸をたくさん見た。

マンションの住人から苦情は来なかったので、親から強く咎《とが》められることはなかった。その点には安堵したものの、ベビーカマキリたちに対する申し訳なさは消えなかった。

あの状況から、草むらまでたどり着いたやつがいたとは思えない。

僕は、小さな虐殺者だった。

死んでしまったベビーカマキリの姿を見るたびに、また思い出すたびに、罪悪感は胸の中に積み重なっていった。あのケガは、先に与えられた罰だったのかもしれないとも思った。

だが、やがて別の見方もできることに気づいたとき、僕は罪悪感から解放され、自分を救世主とさえ思えるようになった。

僕は、あのカマキリたちに喰われるはずだった、たくさんのコオロギを救ったんだ。

新作映画を観るならレイトショーに限る

僕はこの考えに疑いを持たない。

よほど不人気の作品なら話は別だが、たいていの作品は満席状態となっている。隣の人が身じろぎをする気配、後ろの席に座る人のつま先が自分の椅子を蹴る衝撃、映画の内容を理解できなくなった女が彼氏にひそひそと質問する声、ポップコーンを噛み砕く音——。

これらに邪魔をされ、作品に集中できないのだ。

そもそもなぜポップコーンなどという音の出る食べ物を売っているのか理解に苦しむ。食べていない人からすればうるさいだけだし、食べている人も静かなシーンになると気を遣い、そーっと押し潰すように噛んでいる。その音がさらに気になったりする。映画館にはポップコーンの代わりに、ようかんを売るよう訴えかけていきたい。

ここまでで「新作映画を映画館で観るのは損である」ことはご理解いただけたと思うが、では動員数が落ち着くのを、あるいは家で観られるときまで待つしかないのかというと、そんなことはない。

レイトショーで観ればいいのだ。

深夜上映の回であれば、スクリーンを正面に捉えた良席でも、両隣に人がいることはほとんどなく、映画鑑賞に集中できるのだ。

だから僕は、「新作映画を観るならレイトショーに限る」と考えている。

冬の深夜、僕は六本木ヒルズに向けて車を走らせていた。

ここの映画館は地下に駐車場があり、そこからエレベーターで直接チケット売り場まで行けるので気に入っていたのだった。

奇妙なことに道路は混んでいるが、待ち望んだ『スターウォーズ』の新作（エピソード9）を観られることへの興奮が、苛立ちを封じ込めていた。

この混み方は普通じゃないと気づいたのは、六本木ヒルズ内につづく右折レーンの信号待ちをしているときだった。

何か特別なイベントでもやっているのだろうか……？

運転席から視線を飛ばし、周囲にめぐらせると、歩道を歩いているのがカップルばかりであることに気がついた。

「そういえば今日は、クリスマスイブだ……！」

混雑の原因が判明したからといって、渋滞が解消されるわけもなく、前の車がわずかに進んだぶんだけ、自車を進めるしかなかった。

ようやく六本木ヒルズ内のロータリーに入ったが、車は相変わらず、少しずつしか進んではくれない。

ロータリー内にも駐車場の入り口があるが、ここに停めてしまうと映画館までかなり歩く羽目になってしまうので通り過ぎた。

渋滞は解けそうにないが、焦る必要はない。このペースで行っても、上映時間に間に合わないことはなさそうだ。

この屋内のロータリーを抜け、信号を左折してすぐ——けやき坂をちょっと下ったところに映画館直通の駐車場はある。そこまで行ってしまえば、もう着いたようなものだ。

正面に見える、けやき坂の信号が青に変わった。カップルたちが横断歩道を渡っていく。歩行者用信号が点滅し、赤に変わる。よし、間に合った。僕は左にハンドルを切った。そのとき——。

「嘘だろ⁉」

僕は思わず洩らした。

目当ての駐車場の看板が、『満』の文字を光らせていたからだった。

馬鹿な！　いままで何度もレイトショーを観に来たが、こんなことは一度もなかった。

自分の車がそこを通過する前に、奇跡的に『空』になってくれることを祈ったが、そんなことは起こらなかった。

前は詰まっている。

けやき坂を埋める車列の中で、僕はその原因をつくっているであろうイルミネーションを憎んだ。

こいつさえ光っていなければ、きっと満車になってなどいなかったはずだ！

上映開始時間が来てしまったが、諦めて別日にするという選択肢はなかった。

もうインターネットでチケットを購入してしまっており、キャンセルできる状況でもないからだ。

それに、まだ遅刻すると決まったわけでもない。

上映開始時間から約10分間は、ほかの映画の予告編や「NO MORE 映画泥棒」の映像が流れるはずだ。

一周回って、屋内ロータリーの駐車場を目指すしかない。

さっき通ったとき、そこの看板が『空』だったことは憶えている。

焦りが車に伝わらないように注意しながら運転し、目的の駐車場入り口まで戻ってきた。

きついカーブのつづく下り坂を進み、車は地下深くの駐車区画に収まった。

スマートフォンの画面を見ると、本編開始まで2分といったところだった。

映画館直通の駐車場であったなら、ほぼ確実に間に合うだろう。しかしここからだと、最低限、走るしかない！

最寄りのエレベーターに乗り込み、降りると、よくわからない場所に出た。

お洒落《しゃれ》な店舗が並ぶ、ショッピングモール内のようなエリアだった。

映画館はどっちだ！

案内看板を見つけ、大体の方角を頭に入れてそちらへ走る。

建物を出て、イルミネーションでキラキラと輝く広場のような場所を突っ切っていく。そこにひしめいているカップルたちのあいだをすり抜け、ただひたすらに映画館を目指す。

そこに一人で存在しているのは、そして走っているのは自分だけだった。

当然、注目を浴びることになったが、スピードを落とすわけにはいかなかった。

やがて、容赦なく突き刺さる無数の視線に耐え切れなくなり、僕は自分のことを、「彼女との約束の時間に遅れ、まだそこに彼女がいることを願いながら、待ち合わせの場所に急ぐ男」なのだと思い込むことにした。

じっさい、そういうふうに見えていたのではないだろうか。

その作戦は功を奏し、視線は気にならなくなった。

階段を駆け上がり、映画館のドアを入った。

機械にスマホの予約情報を読ませ、チケットを発行させる。

息を切らしながら、とんでもなく長いエスカレーターを上っていく。

こんなときに限って、入り口から遠いスクリーンでの上映だった。

目的の場所のドアを開け、そっと暗闇の中を進んでいく。

階段を上り、斜め横からスクリーンを見上げた。

本編は、始まっていた。

ひとまず無人のブロックの一席に座って息を整える。

自分が予約した席を含む、スクリーン正面のブロックにはけっこう人が座っているのがわかった。

「もうここでもいいか」という考えがよぎったが、「係員に注意されても嫌だな」と思い直し、予約した席に向かうことにした。

暗い通路を進み、僕の席がある列の端にたどり着いた。

そこに座るには、手前にいる二人の前を横切らなくてはならない。

スクリーンの光に照らされた姿からするに、どうやら年配の夫婦であるようだった。

意を決し、できるだけ体勢を低くして、

「失礼します」

小声で言いながら、忍び足で進んでいく。

道を開けてくれる気配を感じるが、油断はできない。

足下にスクリーンの光はいっさい届かず、何も見えないからだ。

「あ痛！」

というおじさんの声が聞こえたのと、何かを踏みつけた感覚をおぼえたのは同時だった。

足を踏んでしまったのに違いなかった。

「すいません！　すいません！」

小声を張り上げて謝ったが、明確な返事はなかった。

おじさんから一つあけたところが自分の席だったので、そこに腰を落ち着けた。

しかし、心臓は落ち着くどころか、激しく速く鼓動していた。

おじさんはこっちを睨んでいないだろうか。

終わった後に苦情を言われたりしないだろうか。

あの瞬間、ストーリーの鍵となるようなシーンが流れていなかっただろうか。

それを見逃させてしまったのだとしたら重罪だ。

目はスクリーンに向けているものの、神経は右側に全集中してしまい、しばらくスターウォーズの世界に入ることができなかった。

おまけに飲み物を買う暇もなかったため、喉の渇きとも戦わなくてはならなかった。

新作映画を観るならレイトショーに限る。

ただし、クリスマスイブは別だ。

屋上とライフル

「屋上で塗装したいんですけど、開けてもらえます?」

出番と出番の空き時間に、僕はルミネtheよしもとのスタッフに訊いた。

「はい。いま警備室に許可取りますね!」

劇場の女性スタッフは快活に応え、バックヤードの廊下を小走りに進み、角を曲がっていった。

僕は楽屋に戻り、ガンケースを手に取った。

中にはスナイパーライフルが入っている。

無論、本物ではなく、趣味のサバイバルゲームで使用するエアガンだ。現在は真っ黒の状態なので、これを森に馴染む色に塗装したいのだった。

自然の中で、「黒」は目立つ。いくら迷彩服やギリースーツを着て茂みに潜んでいても、ライフルが浮き立っていれば、容易に敵に見つかってしまう。敵に気づかれることなく一撃で仕留めるのが真の狙撃手である以上、ライフルを塗装しないわけにはいかないのだった。

「板倉さん、開けてもらいました」

女性スタッフの声が聞こえたので、僕はガンケースと紙袋を持ち上げた。紙袋には数本の塗装スプレー、養生用の紙、グローブ、塗料の粒子を吸い込まないようにするためのマスクが入っている。家のベランダでやってしまえば早いのだが、お隣さんの洗濯物などを汚してしまったらシャレにならないので、ルミネの屋上を利用させてもらっているというわけだ。過去にもヘルメットなどを塗装したことがあった。

二人でエレベーターに乗り込んだ。

劇場は七階にあり、屋上はそのすぐ上だ。女性スタッフが『R』のボタンを押し、エレベーターが動き出す。警備室の許可がなければ、このボタンは光らない。

「すいませんね。こんなことで手間取らせちゃって」

僕は思わず女性スタッフに詫びた。ネタに使う小道具を塗装するわけでもないのだから、これは彼女にとってはまったくの余計な手間といえるはずだ。

「いえ」

女性スタッフはにべもなく言った。

「秋山さんもよく屋上で日焼けされてますし」

なんと、自分以外にも屋上を私的に利用している芸人がいたとは。どうやら秋山竜次という男は、出番の合間に屋上に出て、自らの身体を梅宮辰夫さんに近づけていたようだ。

「あ、そうなんすね」

少し罪悪感が軽減され、それと同時に、このビルの屋上は、何かの色を変えるために使われることが多いのだなと悟った。

エレベーターを降りて数歩の距離を歩くと、僕の両手が塞がっているからだろう、女性スタッフは鉄製のドアを開けてくれた。

「じゃあ、私戻るので、終わったらまた声をかけてくださいね」

僕の塗装作業が終わったら、警備室に連絡しなくてはならないのだろう。

「わかりました」

ドアが閉まり、僕は一人になった。

夕方になりかけた空を背景に、背の高いビル群が見える。八階に匹敵する高さにいる僕が見上げるほどのビルもざらにあった。まさに新宿といった風景だ。

屋上の真ん中のほうに歩を進めた。風はないが、壁に塗料がついてしまったら迷惑をかけることになる。

白い柵に囲われた灰色の地面に、ガンケースと紙袋を下ろした。

左手にはボイラーか何かの制御装置らしき金属製の箱がある。

ガンケースからスナイパーライフルを取り出し、バイポッドを起こした。バイポッドとは二脚という意味で、ライフルを自立させるためのパーツである。

ライフルを置き、数歩後ずさった。丸ごと塗装するので、すでにスコープも取りつけてある状態だ。弱い日差しを受け、黒光りしているそれを眺めながら、イメージをつくっていく。まずサンドカラーで塗り潰し、そのあとブラウンで縞《しま》模様を入れる。そして最後にグリーン系のスプレーを全体に吹き、トーンを調整していけば成功するはずだ。

紙袋からマスクを取り出し、それをつけた。続いて黒いグローブをはめ——。

「は！」

と息を呑む声が突然聞こえた。

その声のした方向——左斜め後ろを振り返ると、ヘルメットをかぶった作業着姿のおじさんが立ち竦《すく》んでいた。ボイラーの点検にでも来たらしい。

メガネをかけたおじさんの視線は、僕と、自立するライフルを素早く往復している。

「本当に、屋上にはスナイパーがいたんだ！」

その表情は、明確にそう物語っていた。

「違うんです！　これはおもちゃで、僕はいま塗装しようとしてるところなんです」

マスク越しに声を投げるが、相手は返事をせず、僕から目をそらした。そしてゆっくりと、制御装置らしき箱のほうへと歩いていく。

箱には窓がついており、そこから計器類が確認できるようだった。おじさんはそれを見ては、バインダーに挟んだ紙に、何やら文字を記入している。しかし、そうしながらも、全神経をこちらに向けていることが感じ取れた。

誤解を解きたい。

「なんだ、そうだったんですね！」という言葉が欲しい。

だが、そうするための言葉が思いつかなかった。なぜなら、さっき言ったことがすべてだからだ。これはおもちゃであり、自分はそれを塗装しようとしているだけなのだ——それ以上、何を言えばいいのだろう？

業務を全うしたらしく、おじさんはビル内に続くドアのほうへと歩いていく。決してこちらを見ようとはせず、まるで僕の周りに円形の結界でも張られているかのように、少し大回りをするみたいにして。

自分もどきどきしていることに、僕は気がついた。

警察に通報したりするのだろうか？

会社に戻って、殺し屋を見たと叫ぶのだろうか？

それとも殺し屋に消されることを恐れ、今日のことは一生その胸に秘めておくのだろうか？

おじさんの姿が見えなくなってから、塗装を始めた。

そわそわしながらやったからか、出来栄えは70点といったところだった。しかし、微調整をする気にはなれず、それでよしとした。

弟の家の庭しかなくなっちゃったな。

後片づけをしながら、僕は心の中で呟いた。もうここで、ライフルを塗装するのはやめよう。

そして竜次にも、ここでの日焼けを控えるように言おう。今度あのおじさんが点検に来たとき、裸の大男を見たら、きっと壊れてしまうだろうから。

屋上とライフル

２０２３年８月１０日　第１刷発行

著者　板倉俊之

発行者　大山邦興
発行所　株式会社 飛鳥新社
〒１０１-０００３ 東京都千代田区一ツ橋２-４-３ 光文恒産ビル
電話（営業）０３-３２６３-７７７０
（編集）０３-３２６３-７７７３
https://www.asukashinsha.co.jp
印刷・製本　中央精版印刷株式会社

本書は、板倉俊之note（https://note.com/itakuratoshiyuki/）の記事を加筆修正し、
新たに書き下ろした原稿を加えてまとめたものです。
なお、P.２１８～２２５の「新作映画を観るならレイトショーに限る」は、
ＷＯＷＯＷ公式note「#映画にまつわる思い出」の投稿企画に寄稿したエッセイです。
ISBN 978-4-86410-961-1

編集担当　内田 威